私募股权投资基金操作实务与监管

方　昀◎主编

吉林大学出版社

·长春·

图书在版编目（CIP）数据

私募股权投资基金操作实务与监管 / 方昀主编 .
长春 : 吉林大学出版社 , 2024. 9. -- ISBN 978-7-5768-
4493-1

Ⅰ . F830.59

中国国家版本馆 CIP 数据核字第 2025B8N574 号

书　　名　私募股权投资基金操作实务与监管
　　　　　SIMU GUQUAN TOUZI JIJIN CAOZUO SHIWU YU JIANGUAN
作　　者　方　昀　主编
策划编辑　殷丽爽
责任编辑　张宏亮
责任校对　安　萌
装帧设计　守正文化
出版发行　吉林大学出版社
社　　址　长春市人民大街 4059 号
邮政编码　130021
发行电话　0431-89580036/58
网　　址　http://press.jlu.edu.cn
电子邮箱　jldxcbs@sina.com
印　　刷　天津和萱印刷有限公司
开　　本　787mm × 1092mm　1/16
印　　张　11
字　　数　230 千字
版　　次　2024 年 9 月　第 1 版
印　　次　2024 年 9 月　第 1 次
书　　号　ISBN 978-7-5768-4493-1
定　　价　72.00 元

前言

20 世纪 40 年代起源于美国的私募股权投资基金（PE）作为资本市场的一种金融创新工具，在全球范围内迅速发展，已经成为仅次于银行贷款和公开发行股票的第三大企业融资渠道。当前，融资难成为我国中小企业发展的最大瓶颈，私募股权投资基金在我国也被视为解决中小企业融资难题的金融创新工具。因私募股权投资基金最初主要投资于中小高新技术企业，对社会经济发展具有积极的贡献，各国对私募股权投资基金的监管基本持宽松态度。但全球金融危机之后，各国对私募股权投资基金的监管普遍呈现加强趋向。

在当前中国经济转型升级与金融市场深化的背景下，私募股权投资基金作为连接资本与实体经济的重要桥梁，正逐步成为我国金融体系中不可或缺的组成部分。然而，必须清醒地认识到，我国私募股权投资基金行业尚处于初级发展阶段，这一阶段既存在机遇也存在挑战，其中最为显著的挑战在于法律法规体系的不健全与监管力度的相对薄弱。一方面，初级阶段的私募股权市场拥有巨大的发展潜力。随着国内居民财富的增加和企业融资需求的多样化，私募股权基金以其灵活性高、投资期限长、风险收益匹配度好等特点，吸引了大量资金与优秀企业的目光。它不仅为企业特别是中小企业提供了宝贵的成长资金，还促进了产业结构的优化升级，推动了经济高质量发展。另一方面，缺乏针对性的法律法规和有效监管成为制约私募股权行业健康发展的主要因素。法律支持的不足导致基金运营面临不确定性，投资者权益难以得到充分保障；监管的缺失让市场准入门槛过低，部分机构利用监管空白从事违法违规行为，严重损害了市场秩序和投资者信心。这种“野蛮生长”的状态不仅不利于行业的长远发展，还可能引发系统性金融风险。针对上述问题，监管层和相关行业自律组织已采取了积极行动，通过完善法律法规体系、强化监管力度、提升行业自律水平等措施，推动私募股权投资基金行业的规范化发展。

本书第一章为私募股权投资基金新规解读，主要介绍了四个方面的内容，依次是私募股权投资基金监管的价值取向、私募股权投资基金的监管体系、《私募投资基金监督管理条例》解读、《私募投资基金登记备案办法》解读；本书第二章为私募股权投资基金募集，主要介绍了五个方面的内容，依次是私募基金募集方式及流程、私募基金投资者适当性义务、私募基金刚兑条款效力、私募基金管理人义务、私募基金托管人义务；本书第三章为私募股权投资基金的投资管理，主要介绍了三个方面的内容，依次是投资项目来源与项目初步审查、投资尽职调查与项目价值评估、投资项目管理；本书第四章为私募股权投资基金退出，依次介绍了上市退出、股权转让退出、清算退出三个方面的内容；附录为私募股权投资基金纠纷案例，主要介绍了五个方面的内容，分别是被投公司高管是否对私募股权投资者损失承担责任——某投资中心与某体育公司巨额资金出借案、私募基金清算程序完成之前投资者损失能否被认定——某投资集团有限公司等与周某某其他合同纠纷案、基金管理人应承担哪些义务——刘某与基金管理人合同纠纷案、以私募基金为名实施非法集资犯罪——苏某某等人非法吸收公众存款案、私募股权投资基金合规经营——某投资管理有限公司行政处罚案。

在撰写本书的过程中，作者参考了大量的学术文献，得到了许多专家学者的帮助，在此表示真诚感谢，但由于作者水平有限，书中难免有疏漏之处，希望广大同行及时指正。

方昀

2023 年 6 月

目　录

第一章　私募股权投资基金新规解读

近年来，私募股权投资基金在中国金融体系中迅速崛起，成为服务实体经济、支持科技创新和产业转型升级的重要力量。然而，伴随着行业的快速发展，一系列风险和问题也逐渐暴露出来，如非法集资、利益输送、虚假信息披露等，严重损害了投资者的利益，阻碍了行业的健康发展。为此，国家出台了一系列的监督管理条例，增强了监管的全面性和有效性。本章为私募股权投资基金新规解读，分别介绍了私募股权投资基金监管的价值取向、私募股权投资基金的监管体系、《私募投资基金监督管理条例》解读、《私募投资基金登记备案办法》解读。

第一节　私募股权投资基金监管的价值取向

中外私募股权投资基金监管的国情背景、社会环境、发展进程等各不相同，因此在立法价值判断方面也会产生一定的差异。但毫无疑问的是，私募股权投资基金监管的核心价值是维护相关市场的稳定，保证各方权益与社会公共利益不受侵害。

一、私募股权投资基金监管必要性的重新审视

（一）监管失灵

“市场和政府这两个部分都是必不可缺的。没有政府和没有市场的经济都是一个巴掌拍不响的经济。”[①] 但是，事情总有两面性。部分对政府监管有效性持批判和怀疑态度和认同监管失灵论的学者认为在当今市场环境下，监管方和被监管方极有可能组成牢固的利益共同体并达成某种交易，进而造成不公现象。主张监管失灵论的主要学说有监管俘获论和监管寻租论。

① 保罗·A. 萨缪尔森，威廉·D. 诺德豪斯．经济学（上）[M]. 高鸿业，译．北京：中国发展出版社，1992：87.

1. 监管俘获论

公共选择理论揭示了公共选择与市场选择都是基于个人主义所产生的倾向。在政治领域，个人的选择也带有极强的“经济人”特色，他们从个人偏好出发，追求利益的最大化。在这个框架下，政府的监管行为也不是完全中立的，它可能受到被监管对象的影响，甚至被其“俘获”。所谓的“俘获”，指的是政府监管机构在制定和执行政策的过程中，因为少数强大的行业利益集团采用提出正当诉求或者非法权钱交易的方式影响了最终决策，使最终结果偏离公共利益，转而服务于特定利益集团的利益。“监管俘获论”认为，如果放任政府管制持续存在，那么很可能因为少数利益群体俘获政府，导致政府腐败并严重影响市场秩序，因此政府应放弃管制。从私募股权投资基金角度进行分析，本应保护广大投资者利益的监管政策，可能因为基金管理公司等少数利益集团的干预而被改变。由于这些集团的人数比个人投资者人数少且利益追求方向一致，更容易达成一致意见，从而通过合法或非法的手段影响政府决策。最终，政府的监管目的很可能被异化，不再保护投资者，而是满足这些集团的私利。政府监管的异化不仅会损害广大投资者的利益，也会破坏市场的公平性和效率，长此以往，将导致市场机制失灵和政府腐败的加剧。

2. 监管寻租论

在经济学领域中，寻租概念最早出现在美国经济学家安妮·克鲁格（Anne O. Krueger）的论文《寻租社会的政治经济学》中。之后，经过众多经济学家的发展和完善，寻租理论诞生于20世纪70年代。在这一过程中，起关键作用的是西方新制度经济学公共选择学派。

公共选择学派用监管寻租论解释为何现实中政府决策并不总是符合公众愿望，以及为何出现以权谋私，或出于公共利益考虑的政府规制却出现不利于公共利益的结果。在公共选择学派看来，政府是由某些特殊的党派、政客和官僚集团构成的实体，每个部门、机构或个人都有其各自的利益，都可能会利用手中的规制权从被规制者那里取得一定的回报，此为寻租。除了寻租，这些利益诉求不同的政府人员还可能直接使用自己的权力谋求个人利益，这被称为造租。个人一旦成为某个政府部门或机构的官员，就拥有了一种特殊的“产权”，他们可以利用这种“产权”来控制立法，进而创租，或者提高他人的成本。寻租现象会导致政府腐败、监管效率降低和公众利益受损。监管寻租论也反对政府规制。

对于中小投资者来说，他们往往将私募股权视为实现财富增值的重要途径。因此，监管失灵将直接导致中小投资者的利益受到侵害。此外，监管失灵将严重影响中小投资者的投资信心。信心是市场的基石，对于私募股权市场而言尤为如此。中小投资者作为市场的重要参与者，其投资信心和参与度会直接影响市场的活跃度和融资效率。若频繁出现监管失灵导致投资者利益受损，将严重挫伤中小投资者的投资热情，降低其投资信心，导致资金流向其他更为稳健的投资渠道，进而造成私募股权市场的资金供给不足和融资难度加大。

因此，政府需要加强对私募股权投资基金的监管。一方面，政府应坚持适度干预的原则，避免过度干预导致市场扭曲和出现寻租行为。具体而言，政府要根据市场发展的实际情况和规律，合理确定监管的范围和力度，既要保障市场的公平、公正和透明，又要避免对市场主体的正常经营活动造成不必要的干扰和限制。另一方面，政府不能放任市场而不予干预，任由一般基金投资者利益受损和市场秩序混乱。这就要求政府要建立和完善私募股权市场的法律法规体系、监管制度体系和投资者保护机制等，确保市场规则得到有效执行和市场秩序得到有效维护。同时，政府还应加强对市场主体的监管力度和惩处力度，对违法违规行为进行严厉打击和公开曝光。

总之，私募股权投资基金业的健康发展离不开有效的政府监管。只有坚持适度干预的原则、建立健全的监管体系和投资者保护机制、加大对市场主体的监管力度和惩处力度等，才能有效防范监管失灵现象的发生，并保障中小投资者的合法权益和市场的稳定运行。

（二）监管成本

从无数历史发展教训中可知，政府监管本身并非完美无缺，它极有可能出现失误、监管缺失，甚至以权谋私，政府纠正错误行为也需要一定的成本。实际上任何一种监管都需要成本，金融监管也是如此。金融监管的成本主要包括监管部门的各项运营成本、监管执行的人力资源开销等，呈现的监管效果和影响力也体现了监管的成本。我们可以将金融监管的成本分为直接成本和间接成本。

直接成本又称监管的运行成本，是监管部门为实施监管而直接支出的成本，如监管人员的工资福利支出、检查费用，即行政成本。间接成本又称监管的服从成本，是指被监管者为配合监管而提供报表、检查场地、配备人员和办公器材以协助检查而支出的成本，即合规成本，以及因管制而产生的改变当事人行为方式而导致的效率损失，如英国历史上曾开征的窗户税即为效率损失，它可能导致整个社会的福利水平降低。

政府对私募股权投资基金市场进行监管也是需要成本的。其直接监管成本包括监管机构在制定和执行相关法规的过程中耗费的人力、物力，如监管人员的工资、办公设备购置与维护费等。间接监管成本更为复杂，它不仅涉及被监管机构为遵守规定而需要负担的内部成本，如合规成本、信息披露成本等，还包括因规则限制而导致的潜在商业机会的损失及无法实现的金融创新。例如，过于严格的监管可能会限制基金的投资策略，减少其收益空间，甚至抑制金融市场的创新活力。

监管部门在制定和执行监管政策时必须考虑成本付出所带来的收益。此外，对于私募股权投资基金市场而言，恰当的监管体系不仅能够促进市场的健康发展，还能够防止市场滥用和风险积聚。监管收益即执行监管后与监管前的自由市场相比所产生的市场运行效率和公平秩序的增量。如果收益为正，那么监管是有效、合理的，反之是不科学、无效的。

监管者应努力用最低的成本达到私募股权投资基金的监管目标，确保私募股权投资基金市场监管机制遵循监管成本最小化与收益最大化的原则，从而通过监管促进私募股权投资基金业的健康发展。

从以上分析中可知，对于私募股权投资基金市场而言，政府监管的主要职能是确保市场的公平性和透明度，防止欺诈行为，保护投资者利益，同时促进市场健康发展。这种监管对于市场的发展而言意义非凡。然而，监管的有效性取决于多种因素，包括监管政策的制定、执行力度，以及监管机构的专业能力和独立性等，如何执行监管对最终的监管收益影响颇深。政府监管过于宽松可能会导致市场失范和投资风险的增加，而过于严格的监管可能抑制市场活力和创新。因此，政府需要在促进市场发展和保护投资者权益之间找到一个平衡点。

政府必须对私募股权投资基金市场进行恰当的监管，如果缺乏监管，那么市场就难以有序发展，投资者的利益也很可能会受到侵害。但是，如何保证监管公正有效尚需我们去探索。笔者认为，监管部门本身也应接受相应的监管，如果缺乏监管，监管部门的权力就极有可能被滥用，进而对市场发展产生不利影响。因此，我国应考虑对监管者建立监督制度，以法律监督制度约束和监督监管者，这不失为一种避免监管失灵和降低监管成本的方法。

二、私募股权投资基金监管的价值目标

私募股权投资基金业作为金融证券业的组成部分，对其进行监管的必要性已经不容置疑。但是，监管立法的价值取向不同，其监管目标就会有所不同。对我国私募股权投资基金业的监管，应基于以下价值目标来判断。

（一）保护基金投资者的合法利益

在私募股权投资基金市场中，投资者是资金的提供者，对于市场的健康运行十分重要。他们的信心和利益是市场健康发展的前提。因此，监管部门必须确保投资者的权益得到充分保护。在信息不对称的环境下投资者处于弱势地位，因此监管部门必须严格管束私募基金管理人的经营行为，否则就很可能会因为私募基金管理人的不当行为而损害投资者的利益，导致市场上的投资者减少。从这个角度来看，投资者对于私募股权基金市场的影响非常大。美国等发达国家的经验表明，强化投资者保护机制，不仅能够促进私募股权投资基金市场的稳定，还能够吸引更多的投资者参与，从而为整个经济的发展注入活力。因此，监管私募股权投资基金的核心应始终聚焦于保护投资者的利益，以此作为推动市场发展的基础。

（二）促进融资便利

私募股权投资基金之所以能在全球各国发展起来，原因在于能够为市场提供便利、直接的融资渠道。相较于公开市场上的直接融资，私募股权投资能够减少用资方的融资成本和时间，其灵活性和高效率也受到很多企业的青睐。然而，如果监管过于严格，如烦琐的审批流程和过多的合规要求将不可避免地增加交易成本，影响交易效率，进而削弱其融资优势。当然，从另一个角度来看，调节对私募股权投资基金市场监管的松紧度也能在一定程度上调控其市场的发展趋势。例如，在社会经济发展需要大量资金时可以放宽监管，为投融资者提供便利，以刺激市场活力、促进资金的流动。

（三）维护市场稳定和安全

私募股权投资基金市场的多样性和复杂性是其固有特征。市场主体在追求自身利益最大化的过程中，可能会采取不同的行动和措施，包括一些可能对其他投资者或市场整体秩序产生负面影响的行为。这些行为包括价格操纵、内幕交易或其他不公平交易行为等，可能破坏市场的公平性和透明度。因此，监管机构需要制定严格的规则和监督机制，以确保市场的健康运行和保护投资者的利益。

由于各国对私募股权投资基金限于特定的成熟投资者和合格投资者对投资的认识，因此认定其不涉及一般社会公众的利益而予以豁免登记或豁免公开披露。但是，当今的金融工具和金融产品越来越复杂，那些合格的机构投资者背后可能就是一般银行理财产品的投资者，或公募基金的投资者，当私募股权投资基金因过度投机的冒险行为甚至欺诈行为而导致巨亏时，就有可能会影响基金市场的稳定性和安全性，甚至会影响整个金融市场的稳定性和安全性。

第二节　私募股权投资基金的监管体系

一、私募股权投资基金监管的法律体系

自私募股权基金行业建立以来，为了维持其稳定发展，我国不断完善相关法律法规，力求建立系统、可持续的法律监管体系。

《中华人民共和国证券投资基金法》（以下简称《证券投资基金法》）于2004年施行，这部法律一直是我国私募股权基金监管法律体系的重点，它于2012年12月28日和2015年4月24日分别进行了修订，逐渐趋近完善。《证券投资基金法》严格规定了基金管理人

资质认定、基金募集行为、投资决策过程、风险控制机制及退出机制等环节，它是我国私募股权投资基金运作的基本法律依据。

但是，仅仅依靠这部法律无法满足监管的要求。因此，我国相关监管部门还颁布了许多与之相配套的行政法规和部门规章制度，以细化市场监管行为。其中最为重要的便是2023年6月16日通过的《私募投资基金监督管理条例》。这部条例是在《私募投资基金监督管理暂行办法》的基础上进一步升级而来的，对私募投资基金的监管进行了全面、系统的规范，填补了私募股权基金监管的空白，为行业监管提供了更为明确和具体的法律依据。

除了法律、行政法规，部门规章也是私募股权基金监管法律体系的重要组成部分。例如，中国证券监督管理委员会（以下简称“证监会”制定的《私募投资基金监督管理办法》及其配套文件，对私募投资基金的登记备案、合格投资者认定、资金募集、投资运作、信息披露等关键环节进行了详细规定，进一步细化了监管措施，提高了监管的针对性和有效性。

此外，行业自律规则在私募股权基金监管中也发挥着重要作用。中国证券投资基金业协会（以下简称“基金业协会”）作为私募股权基金的自律监管主体，制定并实施了《私募投资基金登记备案办法》《私募投资基金合同指引》《私募投资基金信息披露管理办法》等一系列自律规则，对私募投资基金的登记备案、基金合同、信息披露等方面进行了规范，有效推动了行业的自律管理。

综上所述，私募股权投资基金监管的法律体系已经在我国初步建立并不断完善。这一体系以《证券投资基金法》为核心，辅以行政法规、部门规章和行业自律规则，共同构成了多层次、全方位的监管框架。通过这一法律体系，监管部门能够全面、系统地规范私募股权基金的运作行为，有效防范和化解市场风险，保护投资者的合法权益，促进行业的健康、稳定、可持续发展。未来，随着资本市场的进一步发展和金融创新的持续推进，私募股权基金监管的法律体系也将不断适应新的市场环境和监管需求，为私募股权基金行业的长远发展提供坚实的法律保障。同时，监管机构也将继续加大监管力度，提高监管效率，以推动私募股权基金行业在规范中发展，在发展中规范。

二、私募股权投资基金监管的机构体系

在法律制度的规范下，我国私募股权投资基金市场有了长足的发展，但私募股权基金在运作方面比较复杂，潜在风险众多，这就要求我国必须不断完善、健全监管体系，以满足市场发展的需要。如今，我国私募股权投资基金市场的监管机构体系以证监会为核心，以政府监管为辅，同时强调行业内部的自我监管。

（一）以证监会作为统一监管机构，以政府监管为辅

证监会在我国资本市场的健康发展中扮演着至关重要的角色。作为监管机构，证监会不仅负责制定和执行法律法规，还要确保私募股权投资基金的合规运作。这些基金是资本市场的重要组成部分，为各类企业提供了必要的资金支持，特别是对于那些尚未上市或在成长阶段的企业。证监会通过明确的法律框架和操作指引，为私募股权基金的设立、运作和退出提供了明确的规则，这有助于增强市场透明度，降低投资风险。证监会的监管职责不仅包括法规的制定和执行，还包括对市场参与者的监督和指导。例如，证监会会对私募股权基金的管理人进行资质审查，确保他们具备相应的专业能力和良好的信誉记录。此外，证监会还会监督基金的投资活动，确保其符合国家经济发展的大方向和政策导向。通过这些措施，证监会能够促进资本市场的稳定和长期发展，同时保护投资者的利益。

地方政府在私募股权投资基金监管中的作用也不容忽视。其根据本地区的经济发展状况和特点，制定相应的政策，以吸引和引导私募股权基金投资。这些地方性政策不仅有助于促进当地经济的发展，还能够确保私募股权基金的投资活动与地方经济的实际需求相匹配。同时，地方政府还会与证监会等中央政府部门协同工作，共同构建一个更加完善和高效的监管体系。在打击非法金融活动方面，证监会和地方政府部门的联合行动显示了中国资本市场监管的决心和力度。通过与国家市场监督管理总局、国家税务总局、公安局等部门的协作，监管部门能够更有效地识别和打击非法集资、内幕交易和利益输送等违法行为。

（二）以私募股权投资基金协会作为行业自律组织，以自律监管为主

私募股权投资基金协会不仅是行业自律的守护者，更是行业发展的引领者。它通过不断完善自律机制确保行业运作的透明度和公正性，从而赢得了政府和市场的信任。协会的存在，为私募股权投资基金行业提供了一个沟通协调的平台，使各方利益得到妥善平衡和有效维护。

此外，私募股权投资基金协会还注重对行业风险的监控和预警。它通过建立风险评估和早期预警系统，及时向会员单位提供市场动态和风险信息，帮助它们规避潜在的投资风险。协会还会定期发布行业报告，分析行业发展趋势和政策变化，为会员单位的决策提供参考。

未来，我国还需进一步优化和完善私募股权投资基金监管体系。一方面，我国应继续强化证监会的统一监管职能，加大执法力度，提高违法成本，确保法律法规得到有效执行。同时，证监会应加强与地方政府、其他监管部门的沟通协调，形成监管合力，共同打击跨市场、跨区域的违法行为。另一方面，私募股权投资基金协会应继续加强自身建设，提升

服务水平，增强行业影响力。私募股权投资基金协会应积极探索建立更加科学、合理的行业评价体系和奖惩机制，激励会员单位自觉遵守行业规范，提升行业整体竞争力。此外，私募股权投资基金协会还应加强与国际同行的交流合作，借鉴国际先进经验，推动我国私募股权投资基金监管体系向国际化、专业化方向迈进。

第三节 《私募投资基金监督管理条例》解读

《私募投资基金监督管理条例》（以下简称《条例》）自2023年9月1日起施行。《条例》在行政法规的层面填补了私募投资基金（以下简称“私募基金”）监管规则的空白，推进了监管的法治化、规范化，具有里程碑式的意义。

在我国，私募基金是资本市场的重要组成部分。近年来，随着经济的快速发展和资本市场的不断完善，私募基金行业呈现出爆炸式的增长态势。这种增长态势不仅体现在管理资产的规模上，也体现在投资策略和产品类型的多样化上。然而，行业的快速发展也带来了一系列的风险和挑战，尤其是在法律法规滞后于市场发展的背景下，私募基金行业的风险管理和法律责任界定变得尤为重要。为了应对这些挑战，中国政府和监管机构开始加强对私募基金的监管。《条例》的颁布不仅为私募基金的运作提供了更加明确的法律框架，也为投资者的权益保护提供了更加坚实的保障，特别是对违规行为的法律责任的明确，大大提高了违法成本，有效地震慑了违法违规行为，促进了行业的规范化和透明化。《条例》的颁布，在私募基金领域形成了由国务院发布的《证券投资基金法》《条例》为顶层制度设计，证监会发布的《私募投资基金监督管理暂行办法》《关于加强私募投资基金监管的若干规定》等部门规章及规范性文件为具体执行骨干，基金业协会发布的《私募投资基金登记备案办法》行业自律规则为配套的较为完整的监管规则体系。

《条例》的出台，标志着私募基金行业监管体系的逐步完善和成熟。这一法规不仅反映了监管部门对于行业风险的深刻理解，也体现了监管部门对私募基金在促进经济发展中所发挥的作用的充分肯定。在制定《条例》的过程中，广泛征求了业内外的意见和建议，以确保其内容贴近实际、操作性强。此外，《条例》还明确了私募基金的分类管理标准，对不同类型的私募基金设定了差异化的监管要求，既保障了投资者权益，又促进了行业的健康发展。《条例》的实施，为私募基金提供了更加明确的法律环境，有助于提高行业透明度，增强投资者信心。它强调了合规经营的重要性，对违法违规行为设定了严格的惩处机制，从而维护了市场秩序。

《条例》还特别强调了私募基金在支持中小企业、创新创业等方面的作用，鼓励私募基金投资于科技创新和产业升级领域。这不仅有助于推动科技进步和产业转型，也为私募基金开辟了新的投资领域和增长点。通过这种方式，《条例》促进了私募基金与国家战略的深度融合，使私募基金成为推动经济高质量发展的重要力量。

一、《条例》在体系和内容上的亮点

《条例》包含七章共六十二条法规，内容全面。它不仅明确了私募基金管理人和托管人的职责，还对私募基金的运作流程提出了具体要求。此外，《条例》还规定了私募基金募集资金的程序，要求管理人在募集过程中遵守诚实信用原则，不得误导投资者。在投资运作方面，管理人应当根据基金合同的约定，选择合适的投资标的进行风险控制，并且定期向投资者披露基金的运作情况。《条例》还强调了国家对创业投资基金的支持力度，承诺通过税收优惠、财政补贴等政策措施鼓励创业投资。最后，《条例》对违反规定的法律责任作了详细规定，包括对管理人和托管人的处罚措施，以及对违规行为的司法追责。证券监管机构作为监督管理的主体，拥有调查和处罚的权力，以确保市场的公平和透明。《条例》明确了证监会作为主管机构对私募股权和创业投资基金的监管权力。它综合了私募基金行业现行的监管规则和自律标准，通过国务院行政法规的形式对这些规则进行了重新确认。这种立法模式既保证了规则的合理性和可操作性，确保了法规的连续性；同时也为证券监管机构和行业自律组织在未来根据监管需求和行业发展趋势制定具体的执行细则提供了依据与接口。

二、《条例》重点规则解读

司法部、证监会负责人就《条例》答记者问时明确，《条例》一方面要抓住行业关键主体和关键环节，强化风险源头管控，另一方面还要发挥私募基金行业服务实体经济、支持科技创新的作用。在这一指导原则和总体思路下，《条例》当中的以下四点内容值得重点关注。

（一）私募基金底层投资限制

《条例》第二十四条第二款对私募基金财产的运用方式作出了负面规定：“私募基金财产不得用于经营或者变相经营资金拆借、贷款等业务。私募基金管理人不得以要求地方人民政府承诺回购本金等方式变相增加政府隐性债务。”该款第一句是对资金运用的原则性规定，第二句是在第一句的大背景下，对压降地方政府债务目的的强调。

相较于证监会《关于加强私募投资基金监管的若干规定》和基金业协会2022年发布的《私募股权、创业投资基金备案关注要点》中的类似规定，《条例》删除了上述两份文件规定的例外情形，即“以股权投资为目的，按照合同约定为被投企业提供 1 年期限以内借款、担保除外”。

结合上述文件，笔者虽理解了《条例》明确私募基金财产不得用于性质不符的非私募基金投资活动，包括资金拆借和担保，但如何认定“经营”或“变相经营”、具体行为是否会引起《条例》第五十一条的法律责任，需要后续监管细则的明确和实践的检验。

（二）私募基金嵌套层级限制豁免

《条例》第二十五条规定：“私募基金的投资层级应当遵守国务院金融管理部门的规定。但符合国务院证券监督管理机构规定条件，将主要基金财产投资于其他私募基金的私募基金不计入投资层级。”该条款反映了《条例》希望发挥私募基金支持实体行业的作用、培育长期机构投资者的目的。

《关于规范金融机构资产管理业务的指导意见》（以下简称《资管新规》）规定金融机构发行的资管产品不得嵌套多层投资。但此前这一限制是否同样适用于私募基金并无明确结论。《条例》第二十五条明确了私募基金本身需要遵守《资管新规》中有关嵌套的要求。因此，目前实务中常见的私募基金嵌套行为可能受到进一步的规制。

《条例》第二十五条进一步规定了符合何种条件的私募基金可以被豁免嵌套层级计算。此前证监会就此并没有明确的规定。“将主要基金财产投资于其他私募基金的私募基金”这一表述，可能包括实践中的基金中的基金（FOF）和募集层的联接基金。司法部、证监会负责人在《条例》答记者问中明确：“对母基金、创业投资基金、政府性基金等具有合理展业需求的私募基金，《条例》在已有规则基础上豁免一层嵌套限制。”[①] 因此，笔者倾向于认为《条例》只允许豁免一层嵌套限制，不存在对无限嵌套的豁免；其次，从立法目的上理解，这一规定是出于拓展基金的资金来源、提高投资灵活度而设定的，应主要适用于私募股权基金，而不应适用于私募证券基金。对《条例》第二十五条的理解与适用，还有待在后续的细则中予以明确。

（三）私募基金财产的募集

《条例》第十七条规定：“私募基金管理人应当自行募集资金，不得委托他人募集资金，但国务院证券监督管理机构另有规定的除外。”在深入分析《条例》第十七条的内容和背景后，我们可以得出结论，该条款的确立并非旨在限制基金销售机构的代销活动，而是在强调私募基金监管的重要性。《条例》通过明确私募基金在财富管理领域的积极作用，提出了加强监管的必要性，体现了监管机构对市场健康发展的关注和承诺。此外，现行的

① 司法部、证监会负责人就《私募投资基金监督管理条例》答记者问 [EB/OL].（2023-07-09）[2024-05-10].https://www.gov.cn/zhengce/202307/content_6890795.htm.

《公开募集证券投资基金销售机构监督管理办法》，为基金销售机构提供了明确的法律依据，允许其在遵守相关法规的前提下继续销售私募证券基金。这种政策上的连续性和稳定性，为市场参与者提供了一定的操作空间和预期的确定性。因此，笔者的观点是，这种表述方式在立法上是审慎的，既考虑到了当前市场的实际需要，也为未来可能的政策变动留出了余地，显示了立法者在制定金融监管政策时的前瞻性和灵活性。

此外，《条例》第二十条新增了“不得以私募基金托管人名义宣传推介”的规定。这一点与中国银行业协会发布的《商业银行资产托管业务指引》中的相关规定一致。

（四）私募基金财产的标识

《条例》第二十一条规定：“私募基金管理人运用私募基金财产进行投资的，在以私募基金管理人名义开立账户、列入所投资企业股东名册或者持有其他私募基金财产时，应当注明私募基金名称。”私募基金财产应具有独立性。为实现《条例》第十六条规定的“私募基金托管人应当依法建立托管业务和其他业务的隔离机制”，对私募基金财产进行标识是重要的前提。在此之前，我国还没有为私募基金设立财产登记制度，私募基金所持有的财产也未被认定为具有民事法律主体资格的财团法人。根据《条例》的规定，私募基金在其开设的账户、股东名册或持有的其他财产上标明私募基金的名称，这将有助于间接地公示私募基金财产的独立性。

在我国的某些地区，已经开始对私募基金财产登记制度进行初步的试点实验。以深圳为例，当私募基金管理人利用契约型私募基金对企业进行投资时，他们在作为股东或合伙人登记时有权在备注栏中指明代表的“契约型私募基金产品”，并将此信息公开。随着试点项目的不断推进和经验的积累，有理由相信，这种私募基金财产标识和登记制度将可能扩展到更广泛的区域，并得到进一步的完善。

新出台的《条例》，不仅融合了最新的监管实践和行业自律标准，更重要的是，它为私募基金行业的健康发展提供了制度保障。这些规定虽然在某些方面还不够具体，但它们确立了私募基金在支持实体经济和科技创新中的关键作用。为了确保这些条例能够有效地指导和监管私募基金及其从业人员，国务院和证券监管机构需要在现有法律框架内，进一步明确具体的执行细则。这不仅涉及私募基金结构的优化，还包括如何在遵守市场规则的同时，激发私募基金的活力，促进资本市场的多元化发展。此外，国务院和证券监管机构还需考虑私募基金如何更好地适应中国特色社会主义市场经济体制的要求，以及如何在全球经济一体化的大背景下，发挥其在国际资本市场中的作用。因此，配套规则的细化和完善，将是确保《条例》实施效果，促进私募基金行业长远发展的关键。

第四节 《私募投资基金登记备案办法》解读

一、整合完善登记备案规则体系

基金业协会于2023年2月24日发布公告，将自2014年初施行至今的《私募投资基金管理人登记和基金备案办法（试行）》（以下简称“原办法”）修订为《私募投资基金登记备案办法》（以下简称《登记备案办法》），并发布其配套指引。《登记备案办法》基本延续了原办法的章节设置安排，但进行了全面扩充，增加至八十三条。《登记备案办法》沿用原办法中“总则”“基金管理人登记”“基金备案”前三个章节的划分方式，不再单独保留“人员管理”章节，将“信息报送”章节进行调整并明确为“信息变更和报送”章节，“自律管理”章节也在本次修订中进行大幅度扩充。此次公布的三份配套指引，针对私募基金管理人在登记环节中的基本经营要求，以及对其出资人、实际控制人、高管人员等关键主体的要求进行细化说明。

原办法初步确立了私募基金管理人登记、私募基金备案程序，为基金业协会开展自律管理提供了具体的规则支撑，也为继续出台各类自律规则和业务规范预留了灵活度。本次修订后的《登记备案办法》可理解为基金业协会对过往规则体系建设、积累成果的集成和重述，其中也不乏一些实质性的新要求、新举措。在国务院《私募投资基金监督管理条例》尚未正式发布、证监会《私募投资基金监督管理暂行办法》尚未进行修订的背景下，《登记备案办法》无疑是目前私募基金行业值得各方聚焦的一份重磅文件。

《登记备案办法》中涉及私募基金管理人登记的内容，仍以此前《私募基金管理人登记须知》（2018年12月更新）中所确定的框架为主，进一步整合了过往形成的针对管理人登记要求及相关程序的规定，重点突出对私募基金管理人及其出资人、实际控制人、高管人员的要求，调整、完善了中止办理和终止办理制度；在此基础上，对应配套发布的三份登记指引及私募基金管理人登记申请材料清单，基金业协会对于私募基金管理人登记的要求以更为体系化的方式呈现。目前施行的针对私募基金备案的《私募投资基金备案须知》（以下简称《备案须知》）、《私募投资基金备案关注要点》（2022年6月发布）（以下简称《备案关注要点》）均是近年出台的，《登记备案办法》中涉及私募基金备案的内容集中在对私募基金募、投、管、退等环节的部分事项作进一步明确，基金备案涉及的程序性事项有所调整。整体而言，新规与《备案须知》和《备案关注要点》中确定的规则相比变化不大，预期基金业协会后续将针对股权和证券类基金分别出台差异化指引，进一步明确细化相关规则。

《登记备案办法》中的“信息变更和报送”章节，对以私募基金管理人登记信息变更及私募基金信息变更为核心的信息报送程序要求，以及信息披露义务进行了整合与集中体现，进一步明确了适用信息披露义务的主体范围；对应基金业协会于2022年底修订、施行的《中国证券投资基金业协会自律管理和纪律处分措施实施办法》（以下简称《实施办法》）的规定，《登记备案办法》中的“自律管理”章节对基金业协会实施自律管理措施和纪律处分措施的各类情形进行了统一明确，并与“信息变更和报送”章节的内容有了更强联动；特别是私募基金管理人的信息披露与信息报送质量、私募基金管理人及其出资人、实际控制人的持续合规情况，将更为明确、直接地影响其办理基金备案、维持私募基金管理人资格。前述内容、安排与基金业协会近年内强调的全流程自律管理、持续合规等理念保持一致。

《登记备案办法》的“总则”部分，采取了此前《私募投资基金管理暂行条例（征求意见稿）》“总则”部分的一些条款设置安排；证监会此前发布的《关于加强私募投资基金监管的若干规定》中的主要内容也在《登记备案办法》的“自律管理”等章节有集中体现；同时，《登记备案办法》也尝试对私募投资基金的要素、创业投资基金的认定标准等进行界定，在条款层面对集团化私募基金管理人、快速备案机制、差异化自律管理（包括特别针对创业投资基金的差异化自律管理服务）等业界关注的话题进行回应并预留后续明确、细化的空间。前述条款内容，在后续私募基金业务实践中的实际效果、其所对应的具体规则及落地方式等，以及与后续可能出台的各层级法规、规定、自律规则的联动情况，需要进一步观察。

二、多维度差异化监管

（一）基于机构资质的差异化

《登记备案办法》第七条规定：“协会按照分类管理、扶优限劣的原则，对私募基金管理人和私募基金实施差异化自律管理和行业服务。协会支持对治理结构健全、运营合规稳健、专业能力突出、诚信记录良好的私募基金管理人规范发展，为其办理登记备案业务提供便利。”

目前，私募基金备案办理程序区分为一般程序和“分道制＋抽查制”程序（以下简称“分道制程序”）。分道制程序在时效性上优势明显，符合条件（俗称“白名单”）的私募基金管理人通过基金业协会资产管理业务综合报送平台提交私募基金备案申请后，系统进行校验后将自动通过；基金业协会视情况对自动通过的私募基金进行抽查，以核实备案材料齐备性和形式合规性。

《登记备案办法》本次特别明确了“快速备案制度”，适用双层标准；对于治理结构健全、业务运作合规、持续运营稳健、风险控制有效、管理团队专业、诚信状况良好的私募基金管理人所管理的符合条件的私募基金，基金业协会可相应提供前述制度安排。行业目前对于分道制程序适用标准透明化的呼声强烈。我们预期基金业协会将针对分道制标准出台明确规则。

此外，《登记备案办法》本次新增“审慎备案”机制，即私募基金管理人存在较大风险隐患，私募基金涉及重大无先例事项，或者存在结构复杂、投资标的类型特殊等情形的，协会按照规定对私募基金管理人拟备案的私募基金采取提高投资者要求、提高基金规模要求、要求基金托管、要求托管人出具尽职调查报告或者配合询问、加强信息披露、提示特别风险、额度管理、限制关联交易，以及要求其出具内部合规意见、提交法律意见书或者相关财务报告等措施。我们预计基金业协会也将针对审慎备案机制的适用出台具体标准。

（二）基于基金类型的差异化

本次修订后，《登记备案办法》明确规定基金业协会对创业投资基金在基金备案、投资运作、上市公司股票减持等方面提供差异化自律管理服务。值得注意的是，《登记备案办法》也对“创业投资基金”的定义进行了明确。整体上看，《登记备案办法》所明确列出的创业投资基金需符合的条件与行业通常理解无实质差别，如与国家发改委等六部门此前联合颁布的《关于进一步明确规范金融机构资产管理产品投资创业投资基金和政府出资产业投资基金有关事项的通知》（发改财金规〔2019〕1638 号）中关于创业投资基金的定义及认定标准相比，《登记备案办法》仅对私募基金的投资范围、投资策略、存续期限及是否涉及杠杆融资情况进行了明确要求，更为简化。

《登记备案办法》中对于创业投资基金更为明确、直接的差异化安排体现在对于专门管理创业投资基金的私募基金管理人的实缴货币资本金额要求及创业投资基金的初始实缴募集资金规模要求。前者可明确区别于私募基金管理人的实缴货币资本需持续不低于 1 000 万元人民币（或者等值可自由兑换货币）的一般要求，但差异化要求尚待具体规则出台；后者进一步降低备案时的实缴金额门槛，仅需满足不低于 500 万元人民币的要求（创业投资基金在备案后 6 个月内仍需满足实缴出资规模不低于 1 000 万元人民币的要求）。

（三）基于投资标的的差异化

随着金融市场的多元化发展，单一标的的私募基金因其高收益潜力而受到投资者的青睐。这类基金通常专注于某一特定资产或项目，如房地产、科技创新或特定行业企业。然而，投资集中也意味着风险相对较高，一旦投资标的出现问题，可能会给投资者带来巨大损失。因此，基金业协会加大了对这类基金的监管力度，要求私募基金管理人在产品设计、资金募集、信息披露等方面遵守更为严格的规定。本次修订后，《登记备案办法》在风险揭示环节，重申私募基金管理人需对投向单一标的的资金进行特别提示风险；新增应对投资标的的基本情况、投资架构、因未进行组合投资而可能受到的损失、纠纷解决机制等进行书面揭示，并由投资者签署确认。此外，《登记备案办法》对投向单一标的的私募基金的初始实缴募集资金规模也提出了不低于2 000万元人民币的更高要求。

此外，需要注意的是，相较于《私募投资基金登记备案办法（征求意见稿）》，《登记备案办法》在第四十四条项下明确列举的可适用于审慎备案程序的情形中删除了“私募基金的投资者主要是自然人且投向单一标的”；此外，《登记备案办法》中关于私募基金初始实缴募集资金规模的规定中，也设置了“除另有规定外”的但书安排。后续是否还会出台针对单一标的的私募基金的特别规定，还需进一步观察。

（四）基于社会影响的差异化

《登记备案办法》在私募基金管理人信息报送环节有一项新增安排，对于不同体量的私募基金管理人或私募基金，适用不同的信息报送要求。管理规模超过一定金额及集团化运作的私募基金管理人（同一控股股东、实际控制人控制两家以上私募基金管理人）等，其报送基金业协会的年度财务报告应当经中国证监会备案的会计师事务所审计；基金规模超过一定金额、投资者超过一定人数的私募基金等，其报送基金业协会的年度财务报告应当经中国证监会备案的会计师事务所审计。

三、提高私募基金管理人行业规范要求

（一）提高私募基金管理人准入门槛

《登记备案办法》针对私募基金管理人及其出资人（对控股股东、主要出资人存在部分特别要求）、实际控制人、法定代表人（适用于公司型管理人）、执行事务合伙人或其委派代表（适用于合伙型管理人）、高级管理人员、董事、监事等均提出了相应要求，并强调这些人员应持续符合相关要求。

对于独资与合资私募证券基金管理人相关要求的适用范围，《登记备案办法》中有所明确，即外资持股比例合计不低于25%，与私募基金管理人的主要出资人的持股比例认定标准一致。《私募基金管理人登记指引第2号——股东、合伙人、实际控制人》进一步明确，私募股权基金管理人的实际控制人为境外机构或者自然人的，应当追溯至与中国证监会签署合作备忘录的境外金融监管部门监管的机构、境外上市公司或者自然人，与私募证券基金管理人境外实控人的认定标准对齐。

1. 管理团队跟投出资要求

本次修订后，私募基金管理人的最低实缴出资额要求得到了明确，同时对管理团队提出了出资要求。根据《登记备案办法》及相关配套指引的规定，法定代表人、执行事务合伙人或其委派代表、负责投资管理的高级管理人员均需直接或者间接对私募基金管理人出资，且合计实缴出资不低于私募基金管理人实缴出资额的20%或200万元人民币（另有规定的除外）。

2. 管理团队从业年限、经验及任职要求

《登记备案办法》针对私募基金管理人的法定代表人、高级管理人员、执行事务合伙人或其委派代表的工作经验提出了更高要求。私募基金管理人法定代表人、执行事务合伙人或其委派代表、经营管理主要负责人及负责投资管理的高级管理人员应当具有5年以上相应领域的相关工作经验，合规风控负责人应当具有3年以上相应领域的相关工作经验。

对于工作经验及投资业绩的具体认定标准、要求，《私募基金管理人登记指引第3号——法定代表人、高级管理人员、执行事务合伙人或其委派代表》（以下简称《指引3号》）进行了明确约定。

《登记备案办法》及《指引3号》对于"兼职"进行了界定，私募基金管理人的法定代表人、高级管理人员、执行事务合伙人或其委派代表在高等院校、科研院所、社会团体、社会服务机构等非营利性机构任职，在所管理的私募基金任职等不属于《登记备案办法》所规定的兼职范围。

3. 中止办理与终止办理情形

《登记备案办法》第二十四条、第二十五条在一定程度上重构了私募基金管理人登记的办理程序。对照《登记备案办法》第二十四条所约定的中止办理私募基金管理人登记的情形，本次修订后的中止办理环节，更侧重于其程序性功能，待与拟登记机构及其控股股东、实际控制人、普通合伙人、主要出资人等相关的行政程序、司法程序、争议纠纷、社会舆情等存在或可能存在的情形终止或消除后，可恢复拟登记机构的申请程序；《登记备案办法》本次新增的终止办理私募基金管理人登记的规定（第二十五条），兼具程序和实质要求；特别是拟登记机构因不符合《登记备案办法》第八条至第二十一条所规定的登记要求被终止办理私募基金管理人登记，其再次提请办理登记又因前款规定的情形被终止办理的，自被再次终止办理之日起6个月内不得再提请办理私募基金管理人登记。

（二）加强管理人持续合规和稳定运营要求

1. 股权出资稳定要求

《登记备案办法》特别扩展了针对实际控制人的系列要求，并强化了实际控制人的锁定要求。私募基金管理人的控股股东、实际控制人、普通合伙人所持有的股权、财产份额或者实际控制权，除符合明确规定的除外情形的，自登记或者变更登记之日起 3 年内不得转让；实际控制权发生变更的，变更之日前 12 个月的管理规模应当持续不低于 3 000 万元人民币。

2. 管理团队稳定要求

《登记备案办法》第二十一条明确规定："私募基金管理人应当保持管理团队和相关人员的充足、稳定。私募基金管理人在首支私募基金完成备案手续之前，不得更换法定代表人、执行事务合伙人或其委派代表、经营管理主要负责人、负责投资管理的高级管理人员和合规风控负责人。"

针对高管离职的情形，《登记备案办法》的规定安排上也有更为具体的要求，私募基金管理人应当在原高级管理人员离职后按照公司章程规定或者合伙协议约定，由符合任职要求的人员代为履职，并在 6 个月内聘任符合岗位要求的高级管理人员，不得因长期缺位影响内部治理和经营业务的有效运转。

四、完善私募基金全流程制度安排

（一）募集阶段

1. 明确基金初始实缴募集资金规模

实务中一直对单支私募基金规模下限是否有明确要求有持续讨论、关注。本次修订后，《登记备案办法》对私募证券基金、私募股权基金及投向单一标的的私募基金进行了区分，并分别对其初始实缴募集资金规模提出了明确要求。私募股权基金（包括特别针对创业投资基金的分阶段规定）及投向单一标的的私募基金的相应要求，上文已有所涉及；对于私募证券基金，其初始实缴募集资金规模不低于 1 000 万元人民币。

2. 细化、增补风险揭示和基金合同条款要求

对于风险揭示环节，除前文提及的需针对投向单一标的进行的特别风险提示，《登记备案办法》中还新增了针对"私募基金管理人的控股股东、实际控制人、普通合伙人发生变更但未在协会完成变更手续的"及"私募基金存在分级安排或者其他复杂结构，或者涉

及重大无先例事项”等情形的特别风险提示要求；在其控股股东、实际控制人、普通合伙人发生变更但未在基金业协会完成变更手续的情况下，私募基金管理人应当通过风险揭示书向投资者进行特别提示，揭示前述变更情况，以及可能存在无法完成变更登记和基金备案手续的合规风险。

对于《登记备案办法》中关于基金合同条款的要求，我们提示关注设置市场化退出机制及针对关联交易进一步细化约定的相关要求。

《登记备案办法》第二十九条规定，基金合同应当对“私募基金管理人因失联、注销私募基金管理人登记、破产等原因无法履行或者怠于履行管理职责等情况时，私募基金变更管理人、清算等相关决策机制、召集主体、表决方式、表决程序、表决比例等相关事项”进行约定;《登记备案办法》第五十八条则进一步规定，“私募基金管理人因失联、注销私募基金管理人登记或出现重大风险等情形无法履行或者怠于履行职责导致私募基金无法正常退出的，私募基金管理人、私募基金托管人、基金份额持有人大会或者持有一定份额比例以上的投资者，可以按照基金合同约定成立专项机构或者委托会计师事务所、律师事务所等中介服务机构，妥善处置基金财产，保护投资者合法权益”，并对私募基金进行清算、完成退出。相较于《备案须知》中关于“维持运作机制”的基金合同条款要求，前述新增规定更侧重于实操落地，并较为创新地设计了通过引入专业中介参与退出处置的模式。以合伙型基金为例，前述机制可在基金合同中明确约定并考虑与清算条款进行关联。

针对关联交易，本次修订后的《登记备案办法》在基金合同中新增了关联交易的识别认定、对价确定机制的要求。不同类型私募基金的关联交易界定等细化规则有待基金业协会在后续发布的指引中明确。

3. 提高管理人和执行事务合伙人的关联程度

针对合伙型基金中的GP（普通合伙人）和私募基金管理人分离的架构安排,《登记备案办法》对其的要求调整为私募基金管理人应与“执行事务合伙人存在控制关系或者受同一控股股东、实际控制人控制”。以《备案关注要点》为例，对相应架构安排的要求是“存在关联关系”；而过往的实务操作中，如基金GP是由私募基金管理人高管团队控制或作为主要出资人的情形，通常可被认定为与私募基金管理人存在关联关系。《登记备案办法》的实施，将导致实操中无法按照前述股权架构设立基金GP。

（二）投资阶段

《登记备案办法》再次对私募证券基金及私募股权基金各自的投资范围进行了界定，经本次整合、明确后的内容，与现行规则基本一致。

（三）投后管理阶段

《登记备案办法》对于私募基金管理人应进行投资确权的要求更为明确、具体。针对股权投资项目，或者所管理基金持有的被投企业股权、财产份额发生变更的，应当根据《中华人民共和国公司法》《中华人民共和国合伙企业法》等法律法规的规定，及时采取要求被投企业更新股东名册、向登记机关办理登记或者变更登记等合法合规方式进行投资确权。此外，私募基金管理人还应就此及时告知托管人、向基金投资者进行信息披露（基于基金合同约定），基金托管人对此也有督促义务。

实务中，已有部分托管机构在基金托管协议中明确针对所托管基金的投资项目提出投资确权要求，并主张由私募基金管理人及时提供完成确权的相关证明材料。本次修订后的《登记备案办法》的相关规定还将进一步对托管机构，以及相应基金托管协议条款设置、谈判等环节产生辐射效应。

（四）退出阶段

考虑到《登记备案办法》已对私募基金的募集规模（实缴金额）有明确的限定，本次在封闭运作这一基本原则的机制安排上，基金业协会结合私募基金实践等作出了进一步细化和明确，“投资者减少尚未实缴的认缴出资”的情形不属于违反封闭运作的情形。

五、加强自律管理，丰富自律措施

2022 年 12 月 30 日，基金业协会发布了新的《实施办法》，这是对基金行业自律管理框架的一次重要更新。该《实施办法》不仅明确了对基金业协会自律管理对象的界定，还提出了一系列详细的自律管理措施和纪律处分措施。这些措施的制定旨在加强对私募基金管理人及其主要股东、合伙人、实际控制人和相关责任人员的监管，以确保他们的行为符合行业规范和法律法规的要求。

新修订的《登记备案办法》在“自律管理”章节中，对于私募基金管理人及其关联主体和相关责任人员的违规行为，根据违规的严重程度，设定了不同级别的自律管理措施和纪律处分措施。这些措施包括但不限于暂停私募基金的登记备案工作，以及限制其相关业务活动。这种梯度化的处罚机制，使协会能够更加精准地对违规行为进行处罚，同时也提供了更多的灵活性，以适应不同情况下的管理需求。

此外，《登记备案办法》进一步明确了私募基金管理人因经营问题或自律管理需求而应当注销登记的具体情形。对于那些因为被撤销登记或适用注销机制而需要注销登记的私募基金管理人，《登记备案办法》也明确了他们在注销后应承担的义务。

总的来说，这次《登记备案办法》的修订，是基金业协会在加强行业自律管理方面迈出的重要一步。通过这些新的规定和措施，基金业协会展现了其在促进行业健康发展、保护投资者权益方面的决心和能力。这些变化预示着中国私募基金行业将进入一个更加规范、透明和成熟的新阶段。预计，这些新规的实施将对私募基金行业的长期发展产生积极的影响，同时也将为投资者提供更有力的保障。

第二章　私募股权投资基金募集

私募股权投资基金募集是通过非公开方式向特定合格投资者募集资金，以支持非上市企业的股权投资活动，这一过程涉及严格的合规要求和复杂的操作流程。本章为私募股权投资基金募集，主要介绍了五个方面的内容，依次是私募基金募集方式及流程、私募基金投资者适当性义务、私募基金刚兑条款效力、私募基金管理人义务、私募基金托管人义务。

第一节　私募基金募集方式及流程

一、私募基金的募集方式

私募基金需要以非公开方式向合格投资者募集资金。根据2023年7月3日出台的《私募投资基金监督管理条例》的规定，私募基金不得向合格投资者以外的单位和个人募集或者转让；不得向为他人代持的投资者募集或者转让；不得通过报刊、电台、电视台、互联网等大众传播媒介，电话、短信、即时通讯工具、电子邮件、传单，或者讲座、报告会、分析会等方式向不特定对象宣传推介；不得以虚假、片面、夸大等方式宣传推介；不得以私募基金托管人名义宣传推介；不得向投资者承诺投资本金不受损失或者承诺最低收益。

二、私募基金的募集流程

根据《私募投资基金募集行为管理办法》，私募基金的募集流程包括特定对象确定、投资者适当性匹配、基金风险提示、合格投资者确认、投资冷静期及回访确认。

（一）特定对象确定

募集机构必须通过一系列严格的程序来确认投资者是否符合合格投资者的标准。这不仅包括对投资者的风险识别能力和风险承担能力进行综合评估，还要求投资者提供书面承诺，证明其满足相关条件。

募集机构在通过互联网媒介进行基金推介时，应当建立一套完善的在线特定对象确定程序。这一程序旨在通过多个环节确保投资者信息的真实性和有效性，从而保障交易的合法性和安全性。首先，投资者需要填报包括身份信息在内的个人详细资料，并通过验证码等方式进行验证，以防止身份被冒用和遭遇信息欺诈。其次，投资者必须仔细阅读并同意募集机构的网络服务协议，以明确双方的权利和义务。最后，投资者需要主动确认自己符合合格投资者的标准，这一步骤对于防止不合格投资者参与高风险投资活动尤为重要。在完成上述步骤后，投资者应在线填写一份详细的风险识别能力和风险承担能力问卷。这份问卷旨在评估投资者对于投资风险的认知程度和承受能力，是确保投资者能够理性投资的关键环节。募集机构根据问卷结果和评估方法，对投资者的风险识别能力和风险承担能力进行在线确认。

（二）投资者适当性匹配

根据《证券期货投资者适当性管理办法（2022 年修正）》及《基金募集机构投资者适当性管理实施指引（试行）》的规定，投资者可分为专业投资者与普通投资者。专业投资者主要包括金融机构、金融资产管理公司，以及符合条件的理财产品、专业主体、高净值单位及高净值个人；普通投资者按风险承受能力由低到高的顺序至少划分为 C1、C2、C3、C4、C5 五种类型。两类投资者如符合一定条件，可相互转换。

在投资者适当性匹配阶段，投资者需提供填写完整的投资者信息表及投资者相关证明资料，证明其是否属于专业投资者。

如投资者为专业投资者，其需填写风险测评问卷进行细化分类，且需签署保密承诺函；如投资者为普通投资者，其需填写风险测评问卷。如投资者等级与基金产品等级匹配，由募集机构提供投资者风险匹配告知书，投资者签署投资者确认函、保密承诺函；如投资者等级与基金产品等级不匹配，由募集机构提供投资者风险不匹配警示函后，投资者方可签署投资者确认函、保密承诺函。

基金产品也存在等级划分，基金产品或服务的风险等级按照风险由低到高的顺序至少划分为 R1、R2、R3、R4、R5 五个等级，基金募集机构具有向投资者告知基金产品或者服务风险等级划分方法及其说明的义务。

基金募集机构的如下行为被禁止：向不符合准入要求的投资者销售产品或服务；向风险承受能力最低类别的投资者销售或者提供风险等级高于其风险承受能力的产品或者服务；向普通投资者主动推介高于其风险承受能力的产品或者服务；向普通投资者主动推介不符合投资目标的产品或者服务；向投资者就不确定事项提供确定性的判断，或者告知投资者有可能使其误认为具有确定性的意见。

（三）风险揭示

在私募基金的募集阶段，募集机构承担着向潜在投资者充分披露信息的重要责任。在正式签署基金合同之前，募集机构必须向投资者详细解释相关的法律法规，确保投资者明白其权利和义务。此外，募集机构还应当向投资者说明投资的冷静期，实施回访确认程序，尤其要向投资者揭示投资风险并让其签署风险揭示书。

（四）合格投资者确认

将投资风险讲清之后，募集机构须要求投资者出示资产证明文件或收入证明，以确保投资者的资产状况符合私募基金合格投资者的相关法律标准。此外，募集机构还必须遵守反洗钱法规，对投资者的资金来源进行审查，确保资金的合法性。同时，募集机构应当持续监控投资者人数，避免超出法律规定的限制，以维护市场秩序和投资者的合法权益。

（五）投资冷静期

根据规定，投资者投资的冷静期不能少于 24 小时，这一条应当列入投资合同中。当签署完投资合同并交纳基金认购款之后，冷静期开始。在冷静期内，机构工作人员不能主动联系投资者。对于当然合格投资者和专业投资机构，可以不适用该等约定。

（六）回访确认（鼓励而非强制）

在投资者的冷静期结束后，募集机构有责任安排非直接参与基金销售推介的其他员工，通过录音电话等合适的方式对投资者进行回访。这一过程是为了确认投资者对于基金投资的理解和意愿。基金合同中应明确规定，在募集机构完成回访并得到投资者的确认之前，投资者保留解除基金合同的权利。

对于当然合格投资者和专业投资机构，可以不适用该约定。但目前基金业协会尚未强制要求施行回访确认。

第二节　私募基金投资者适当性义务

适当性可以理解为合适、恰当。在不同的语境下，是否适当有着不同的标准，因此需要有严谨的相关解释。在私募基金投资领域，适当与否的规定是由静态的制度来确定的。国际清算银行、国际证监会组织、国际保险监管协会于 2008 年联合发布的《金融产品和服务零售领域的客户适当性》中将适当性定义为“金融中介机构所提供的金融产品或服务与客户的财务状况、投资目标、风险承受水平、财务需求、知识和经验之间的契合程度”。

在投资市场上，适当性义务的履行者更多的是金融机构，它们需要承担对客户资格的审查义务，避免客户选择不当的产品。

在我国，投资者适当性义务的概念确实引发了广泛讨论。适当性义务要求金融机构在推荐产品时必须确保产品满足客户的需求且未超出其风险承受能力，而合格投资者是指那些具备一定财力和专业能力的投资者。理论上，合格投资者应当能够自行评估投资风险，但在实践中，适当性义务与合格投资者的界限并不清晰，因而产生了混淆和争议。

笔者以为，对私募基金适当性义务的定义可以将义务观点和标准观点二者结合起来，对其进行综合性界定：适当性义务是调整募集机构与投资者之间关于募集机构所销售的基金产品或者服务与投资者的基本情况相匹配程度的法律规定。

一、私募基金业务中投资者适当性义务的主体

私募基金的销售方式可分为自销和代销，自销即由私募基金管理人自己销售本机构发行的私募基金，代销即私募基金管理人与具有私募基金代销资质的机构合作，由该代销机构代为销售私募基金。《全国法院民商事审判工作会议纪要》（以下简称《九民纪要》）将责任主体界定为“金融产品发行人、销售者以及金融服务提供者”。

（一）私募基金管理人

《九民纪要》规定的“金融产品发行人”在私募基金业务中体现为私募基金管理人。根据《证券投资基金法》第十二条第五款规定“基金管理人由依法设立的公司或者合伙企业担任”。私募基金管理人的业务模式包括：既募集又投资模式，即私募基金管理人不仅募集而且对基金进行投资管理；只投资模式，即管理人只管投资，完全由代销机构负责基金产品募集；只募集模式，即私募基金管理人只负责基金募集，并聘请其他“投资顾问”来进行基金的投资运作。

（二）代销机构

代销机构是指在证监会取得销售资格，具备合法资质，可以从事私募基金产品销售与推广活动的专业机构，其类型主要有银行、券商、基金销售机构等证监会规定的机构。《证券期货投资者适当性管理办法（2022 修正）》第二十八条规定：“对在委托销售中违反适当性义务的行为，委托销售机构和受托销售机构应当依法承担相应法律责任，并在委托销售合同中予以明确。”《私募投资基金募集行为管理办法》第七条中规定：“委托基金销售机构募集私募基金的，不得因委托募集免除私募基金管理人依法承担的责任。”

二、私募基金投资者适当性义务的理论基础

（一）“买者自负、卖者尽责”理念

想要厘清适当性义务的概念与内容，就必须客观解读“买者自负”与“卖者尽责”的关系。

“买者自负”原则是一项深植于商业交易和投资领域的重要法律原则，它要求购买者在交易中必须自行判断并承担相应的风险。这一原则历史悠久，它源自古罗马法，经由普通法传承至今，含义为买方有义务在购买之前了解商品的问题。之后，这一原则在证券交易和房地产交易中发挥了关键作用。在证券市场中，这一原则的应用尤为明显，投资者在购买股票、债券或基金等金融产品时，需要对市场状况、公司业绩、管理层能力等多方面信息进行全面的分析和评估。特别是在私募基金领域，投资者在决策时必须对可能的收益和风险有清晰的认识，并准备好承担投资可能带来的损失。

“卖者尽责”原则要求发行机构在销售金融产品时，不仅要充分了解产品特性，还要确保投资者明白其投资的性质和潜在风险，为投资者提供适合的产品。这一原则的核心在于平衡信息的不对称性，保护投资者利益，使投资者能够尽到了解产品和服务的义务并自主决策，承担投资后果。然而，随着金融创新的不断发展，“刚性兑付”的出现使市场秩序受到极大冲击。“刚性兑付”指的是金融产品的发行方必须按照约定的时间和价格向投资者支付本金和收益，不得有任何违约情况。“刚性兑付”虽然短期内可能会吸引投资者，但长期来看，它会导致投资者忽视风险，扭曲市场价格信号，最终可能引发系统性金融风险。因此，将“卖者尽责”误解为“卖者全责”，不仅不公平，也是对市场机制的一种破坏。

（二）“信息不对称”理论

信息不对称理论最早是由美国的三位经济学家即约瑟夫·斯蒂格利茨（Joseph Eugene Stiglitz）、乔治·阿克尔洛夫（George A. Akerlof）和迈克尔·斯彭斯（A. Michael Spence）提出的，认为“市场中买卖双方掌握的信息是不对等的，信息优势方可以通过向信息劣势方出售信息获得收益”[①]。这一理论不仅适用于传统的商品和服务市场，也同样适用于金融市场，尤其适用于私募基金领域。在这个领域，因为私募基金的结构和策略往往较为复杂，而且不像公开市场那样透明，信息的不对称性尤为突出。因此，投资者在作出投资决策时可能缺乏足够的信息，而募集机构可能利用信息优势来实现更高的收益。在这种情况下，逆向选择和道德风险成为常见现象。

在现代经济法律体系中，规制信息不对称是一个核心议题，解决这一问题的理论工具

① 李新丽．企业社会责任的风险治理效应研究 [M]．北京：中国经济出版社，2023：88.

也是五花八门。交易成本原理强调在交易过程中，不仅要考虑金钱成本，还要考虑交易双方在信息传递和辨识上的成本。例如，在金融市场中，信息不对称可能导致市场失灵。因此，监管机构需要通过透明度要求和信息披露规则来应对信息不对称问题。系统性原理从规制工具的角度进行考虑，认为规制工具应当合理周全，且考虑了经济社会的发展与变化趋势。配比原理提出，规制手段应与规制目的相匹配，避免规制过度或不足。总的来说，在这些原理指导下的规制工具，旨在实现市场效率和公平，保护消费者权益，同时促进经济的健康发展。

信息披露制度被视为解决市场信息不对称问题的关键机制。这一制度的核心在于通过强制或自愿的方式，要求市场参与者公开关键信息，以确保所有利益相关者在进行交易决策时能够获取到必要的、准确的信息。科斯定理指出，在没有交易成本的理想市场中，资源配置的效率不会受到法律权利分配的影响。当交易成本过高时，法律的作用在于通过明晰权利分配来降低这些成本，从而促进市场交易的顺畅进行。在私募基金市场，信息披露尤为重要。如果仅依赖自愿信息披露，可能导致信息的选择性披露，从而使得投资者无法全面评估风险。此外，自愿披露往往伴随着高昂的交易成本。因此，实行强制性信息披露制度十分必要。

信息披露制度不仅能保障投资者的知情权，也是市场公平交易的基石。2024 年 4 月 30 日，《私募证券投资基金运作指引》的出台进一步强化了信息披露的规范性和透明度，使得私募基金市场的运作更加规范，投资者的利益得到了更好的保护。

然而，信息披露制度并非万能，它的效果受到多种因素的影响。信息的质量、披露的及时性、投资者的理解能力及市场的反应速度，都会对信息披露的效果产生重要影响。在信息技术高速发展的今天，信息的传播速度和范围达到了前所未有的程度，这使得信息披露制度面临着新的挑战。信息的海量化使得投资者很难从中筛选出有价值的信息，这就需要投资者具备更高的信息筛选和处理能力。因此，信息披露制度也需不断优化以适应新的挑战。

（三）有效资本市场假说

有效资本市场假说最早是由芝加哥大学尤金·法玛（Eugene Fama）教授提出的，他认为，“如果金融市场能够迅速传递大量准确的信息，投资者就可以准确地作出判断，采取行动，使证券的价格迅速回到正确的位置”[①]。有效资本市场假说认为股票市场的价格已经反映了所有可用信息。根据这一理论，由于价格已经包含了所有信息，所以投资者不可能通过分析公开信息来获得超额回报。这一假说成立的前提是投资者全部是理性人，即使

① 张志新，刘润华，王萍．金融学 [M]. 成都：西南交通大学出版社，2020：87.

有非理性人存在，他们的非理性行为所产生的影响也会被市场交易的随机性所中和，从而不会影响市场的有效运行。在这一理论诞生之后，出现了许多新的相关理论。例如，信息不对称理论指出，在某些情况下，某些市场参与者可能拥有未被市场完全消化的信息，这可能会导致市场无效。此外，信息成本假定认为，获取和处理信息是有成本的，这意味着并非所有的信息都会被市场参与者立即反映在价格中。经验主义学派认为，市场价格的变动不仅仅是随机的，还可能由可预测的因素驱动。这意味着通过分析历史价格数据，投资者可以预测未来的价格走势。有效资本市场假说最能引起争议的地方在于它过于依赖理性投资者的假设。现实中，投资者的行为常常受到情绪、偏见和认知错误的影响，这些都是非理性行为的体现。然而，投资者的完全理性是一个难以验证的假设。在私募基金领域，合格投资者的标准规定只有拥有一定的资产规模和风险识别能力的个人才能投资中小企业私募基金。但是即便有这样的规定也无法确保投资者在面对投资机会时作出的决策是完全理性的。此外，尽管我国实施了强制信息披露制度，但由于受制度设计和监管成本的限制，其有效性仍存在疑问。

三、私募基金业务中投资者适当性义务的内容和标准规范

（一）了解客户

了解客户是私募基金销售和推介中的重要环节，它要求募集机构对投资者的基本信息有详细的了解并掌握其投资目标和风险偏好，以向投资者推介更为合适的产品。募集机构通常通过调查问卷来评估投资者的风险承受能力，并据此将投资者分为 C1 至 C5 五个风险等级。根据中国证券投资基金业协会的规定，基金募集机构必须确保投资者的重要信息是最新的，并且要求投资者在重要信息发生变更时及时告知机构，以保证投资者适当性管理的准确性和有效性。

（二）了解产品

了解产品是指募集机构在对投资者进行产品推介前，对产品划分风险等级，从而确保其推介的产品适合特定投资者。《证券期货投资者适当性管理办法（2022 年修正）》明确了划分产品风险等级时应考虑的要素。具体在私募基金领域，基金募集机构要对基金产品或者服务进行风险等级划分，要全方位了解管理人的各种情况和信息；基金产品或者服务风险等级划分要综合考虑产品机构、特殊条款设置、流动性、投资杠杆等因素，基金募集机构可以通过定量和定性的方法对基金进行风险分级。

（三）适当匹配

在充分了解投资者与产品的基础之上，募集机构须按照“适当的产品销售给适当的投资者”的原则对二者进行匹配。了解客户和产品是履行适当匹配义务的前提，而适当匹配是金融机构履行了解客户和了解产品义务后的合理结果。也就是说，适当匹配的关键在于将适当的产品卖给适当的投资者。具体在私募基金领域，基金业协会的《基金募集机构投资者适当性管理实施指引（试行）》规定 C1 型投资者可以购买 R1 级基金产品或者服务；以此类推，C5 型投资者可以购买所有风险等级的基金产品或者服务。投资者信息出现重大变化时，募集机构应该及时予以关注并更新相关信息，从而做到动态匹配。如果私募基金产品信息发生变化，也要同步更新相关信息，力求将产品与投资者相匹配。

（四）风险揭示

风险揭示在金融服务领域扮演着至关重要的角色，它不仅是募集机构的法定义务，更是保障投资者权益的基石。在《九民纪要》中提出的“客观标准”与“主观标准”的双重衡量体系，为风险告知提供了明确的评判框架。这一框架强调，风险揭示不应仅仅停留在信息披露层面，而应深入投资者能够真正理解和评估的层面。在私募基金领域，这种要求更为严格，《证券期货投资者适当性管理办法（2022 年修正）》要求募集机构销售最高等级的产品时，应向投资者揭示重点特性和风险、信息披露方式及频率、可能承担的损失、投诉方式及纠纷解决安排。这不仅有助于投资者作出更为明智的投资决策，也有助于提升金融机构的透明度和责任感。然而，在实际操作中，如何平衡监管要求与市场实际情况，确保法律责任的合理追究，仍然是一个需要深思熟虑的问题。监管机构需要警示金融机构，任何对适当性义务的忽视都可能带来严重的后果，同时也要责令金融机构进行必要的整改。对于投资者而言，也应该意识到投资决策需自担风险，尤其是在法律和监管规定尚未完善的早期市场环境下。投资者在遭受经济损失时，应当审慎行事，不应仅仅依赖于对金融机构适当性义务履行不足的投诉或诉讼来寻求赔偿。

四、违反投资者适当性义务的责任

（一）违反投资者适当性义务的行政责任

根据《证券期货投资者适当性管理办法（2022 年修正）》的规定，经营机构应当遵守法律等有关规定，对违法违规行为承担法律责任。监管机构可对违反规定的机构及其人员，采取责令改正、监管谈话、出具警示函等监督管理措施，相较于 2017 年版删除了“责令参加培训”的表述。对于存在较大风险或者风险隐患的，采取监督管理措施。对于存在未按规定对普通投资者进行细化分类和管理、未按规定划分产品或者服务风险等级、未按规定录音录像或者采取配套留痕安排、未按规定制定或者落实适当性内部管理制度和相关制度机制、未按规定开展适当性自查、未按规定妥善保存相关信息资料等情形的经营机构及直接责任人，给予警告，并处3万元以下罚款。经营机构从业人员违法情节严重的，证监会可以采取市场禁入措施。

（二）违反投资者适当性义务的民事责任

1. 侵权责任

适当性义务属于法定义务，一旦违反需要承担侵权责任。对于募集机构是否违反了适当性义务规定、谁负责对侵权行为进行举证等，《九民纪要》和《中华人民共和国证券法》作出了规定。如果投资者能够举证证明自己购买基金并遭受损失，募集机构需证明其已履行适当性义务，若募集机构未能提供证据，可能需要承担法律责任，并赔偿投资者的实际损失。这一规定体现了对投资者权益的保护，确保了金融机构在推荐产品时的透明度和责任感。

2. 缔约过失责任

在私募基金领域，缔约过失责任的含义是募集机构未能履行对投资者的适当性义务，导致投资者信赖利益受损。这种责任通常发生在合同签订前，如果募集机构未能充分提示投资风险或未尽推介义务，可能需要对投资者的损失承担赔偿责任。根据《中华人民共和国民法典》如果募集机构是唯一过错方，除了返还投资款，在投资者的主张下还可能需要赔偿投资者的利息损失。

3. 合同违约责任

合同违约责任一般是基于私募基金管理人自销时与投资者签署了基金合同，且基金合同中约定了适当性义务及相关的违约责任，但基金募集机构的投资者适当性义务是由法律所创设的，更多体现在法规规章和基金募集机构的内部制度中，而非合同的约定中。在代销机构与投资者之间，认定代销机构的违约责任几为困难，因为代销机构与投资者之间般不签署合同。基金业协会也要求管理人必须将代销协议的重要条款披露给投资者，若代销机构与投资者之间并未签订协议，则不形成实际的民事法律关系，投资者便很难突破合同的相对性，追溯代销机构的违约责任。

例如，在某合同纠纷案中法院细数了管理人在募集、投资、管理阶段均存在严重违反监管规定及管理人职责的行为，在基金募集、投资、管理阶段均存在严重过错，继而认定其应当对投资者的损失承担赔偿责任。但法院并未明确该赔偿责任的性质。一般认为违反募集阶段的适当性义务的责任，属于缔约过失责任，而投资、管理阶段的责任更多地来源于管理人对案涉私募基金合同的违反，属于违约责任。因此，该案的赔偿责任可能既包含违约责任，又包含缔约过失责任。但由此又会引发一个问题，缔约过失责任与违约责任分属不同的请求权基础，其能否在同一诉讼中兼容，是否存在法理上的障碍。对于上述问题，有观点认为缔约过失责任存在的前提是合同未成立，违约责任存在的前提是合同成立，故缔约过失责任与违约责任不可能同时并存。也有观点认为，违反适当性义务的缔约责任与违反投资、管理阶段义务的违约责任能够同时共存。违反适当性义务与违反投资、管理阶段义务往往是"并发症"，若苛求投资者依据不同的责任性质分别解决争议，不仅不利于案件的统一审理，而且会增加投资者的维权难度。

笔者认为募集机构未履行或者未适当履行投资者适当性义务，主要承担侵权责任。这是基于投资者与募集机构之间不一定会签署合同，此时并不适用合同义务或者先合同义务，适用法定义务更能准确地囊括所有关系。鉴于适当性义务的法定义务属性，违反适当性义务需要承担相应的责任，若属于违法行为，则需要承担相应的侵权责任。

五、完善私募基金投资者适当性义务制度的建议

（一）将投资者适当性义务纳入私募基金合同的必备条款

在当前的私募基金领域，投资者适当性义务的缺失或不明确性是导致纠纷频发的重要因素。虽然基金业协会已经出具了相关合同指引，但这些指引在投资者适当性义务方面的缺失，使得投资者在面临损失时往往难以找到法律支持。在实际中，投资者进行维权的依据主要是基金合同。因此，将投资者适当性义务作为私募基金合同的必备条款，不仅有助于保护投资者的合法权益，也有助于提升私募基金行业的整体透明度和信任度。另外，私募基金管理人与代销机构之间的代销协议中也应当明确投资者适当性义务的履行方式。这样的明确规定，可以为处理纠纷时界定双方的责任提供重要的依据，也可以提升私募基金行业的专业性与规范性起到不可替代的作用。

（二）审判中参照适用行业自律规则与指引

在《九民纪要》第 73 条的规定下，司法裁判可以参照适用行业自律规则。该条规定的裁判参考适用范围虽表述为"相关部门的部门规章、规范性文件"，但并非排除适用自律规则。在处理实际纠纷的过程中，金融机构有责任根据行业自律规则对自己的适当性义务作出举证，如果不能证明自己已经履行了适当性义务，那么很可能被判承担侵权责任。目前，我国相关法律尚未有明确的对投资者适当性义务的规定，因而最为权威的规定还是基金业协会的自律规则与指引。这些自律规则与指引可以作为判断金融机构是否已尽投资者适当性义务的补充。

（三）将投资者适当性义务的标准上升到法律层面

在我国现有的监管法律体系中，金融机构须尽适当性义务的详细准则多见于基金业协会的自律规则与指引中，而法院主张这些自律规则与指引因为不具备强制性和参考性而无法在具体判决中作为参考。相应地，法院所适用的相关法律中并未有对履行适当性义务的具体细节的规定。因此，笔者认为，法律条文中应该增加关于私募基金投资适当性义务的内容、规则与判断标准等，规范私募股权基金市场，让金融机构能够在工作中自觉履行义务。

（四）最大限度发挥行业调解作用

目前，私募基金诉讼无论是在法院还是在仲裁中都比较常见。诉讼和非诉讼作为解决募集机构与投资者之间的矛盾的两大重要途径。其中，非诉讼纠纷解决方式中的行业调解是解决纠纷的主要途径之一，其有利于投资者与募集机构在基金业协会的主持下充分沟通，发挥自律组织的作用，督促募集机构充分履职。基金业协会作为首批证券期货纠纷多元化解机制的八家试点调解组织之一，与司法机关、仲裁机构、投资者保护机构等建立对接机制，共同联动多元解纷，持续提升投资者满意度和获得感。基金业协会落实与人民法院、仲裁机构、信访部门、公证机构及投资者保护机构等建立沟通对接机制，丰富多渠道救济措施；委托第三方专业机构调解，或者进行联合调解，提高行业纠纷解决专业性。明确调解协议效力确认途径，通过司法、公证、仲裁等方式提升调解协议效力，保障调解协议有效履行；对于存在不履行生效调解协议等失信行为的自律管理对象，记入诚信记录，督促其树立行业诚信经营理念。对于系列性或群体性纠纷，《中国证券投资基金业协会投资基金纠纷调解规则》规定，人民法院作出生效示范判决后，基金业协会可以接受人民法院委托，参照生效判决文件进行集中调解。这一举措可以有效促进“同案同判”，降低投资者维权成本，推动群体性纠纷及时化解。确立无争议事实记录，强化诉讼与非诉讼联动。对于当事人未达成调解协议的情形，且调解过程中当事人无争议事实，基金业协会可以书面形式记录调解过程中当事人无争议事实，在诉讼过程中，当事人无须再举证上述内容，以进一步促进诉讼与非诉讼程序联动。根据专业经验，做好投资者与募集机构之间的调和剂，做好调解工作，让纠纷止于诉前。如在调解的过程中发现募集机构有不足之处或者违反了相关规定或行业自律要求时，要积极地对其进行教育和处罚，使其充分了解自身的不足，在其未充分改正前限制其展业活动，并对相关负责人进行罚款及警告，对严重者实施市场禁入。

投资者适当性义务在我国已发展数年，但仍有完善空间，私募基金业务中募集机构的投资者适当性义务有利于促进私募基金行业的健康发展，对于保护投资者利益也具有重要的现实意义。笔者在借鉴学界众多学者观点的基础上，以私募基金业务中募集机构的投资适当性义务为研究对象，就其主体、法律性质、内容和标准规范进行了论述，就募集机构违反投资者适当性义务的法律责任进行了解析，同时筛选了私募基金业务中募集机构与投资者之间因为投资者适当性义务是否适当履行而产生的纠纷。在研究中发现，随着金融市场的发展，近年来，投资者适当性义务纠纷案件数量较大，且该类案件经常与其他诉求相结合，诉讼案由多为合同纠纷，而在投资者提供的基金合同中并没有针对募集机构投资者适当性义务的条款，导致该类诉求并无合同依据。法官在处理该类案件时所适用的法律中并没有明确投资者适当性的具体内容和标准规范，而基金业协会出具的自律规则与指引因效力较低，并没有被法院适用，且存在类案不同判的情形。基于以上情形，建议将投资者适当性义务纳入私募基金合同的必备条款，使得在纠纷产生时投资者与募集机构之间可以有合同依据；当投资者适当性义务的自律管理规范不与上位法相抵触时，法院在审判时也可参照适用；如能将投资者适当性义务的标准上升到法律层面，则可在一定程度上加强对投资者的保护，在投资者与募集机构之间发生适当性义务纠纷时法院能够有法可依，依法判决；同时，随着案件的激增，最大限度地发挥行业调解作用能够更好地解决纠纷，避免出现过度诉讼的情形。

未来，私募基金行业对投资者的保护及对募集机构的规范会越来越重视，在促进行业发展的背景下，相关法律、制度及实践在各方的努力下也会更加完善。

第三节　私募基金刚兑条款效力

在当前的金融市场中，投资者对于风险的认识仍然存在一定的误区。尽管金融监管部门已经明确禁止了刚性兑付的行为，但在实践中，私募基金的刚兑保底条款仍然是影响投资者决策的重要因素。这种现象反映出部分投资者在风险识别和承受能力上的不足，他们往往依赖于刚兑承诺，而忽视了投资本质上的不确定性和可能的损失。

目前，虽然为了让投资者清楚“买者自负”的意义并树立起风险意识，金融监管部门已经禁止了刚性兑付，但是在不同的地方，针对刚兑保底条款的司法解释尚不统一。

在资产管理业务方面，金融机构应当遵守监管规定，不得承诺保本保收益，更不能在出现兑付困难时进行垫资兑付。这一规定有助于防范系统性金融风险，维护金融市场的稳定。金融机构应当在表外开展资产管理业务，确保业务透明度和风险可控，同时也保护投资者的权益。

在现代金融市场中，金融机构在发行和销售资产管理产品时，必须遵循严格的法规和道德标准。这意味着，金融机构不仅需要深入了解自身所提供的产品特性、风险和预期收益，还需要通过全面的客户尽职调查来确保投资者的风险承受能力与产品风险相匹配。这种做法有助于建立投资者信任，确保市场的公平性和透明度。此外，金融机构不得采取任何可能误导投资者的行为，如通过复杂的金融工具或产品结构来隐藏风险，或者提供不真实的信息来诱导投资决策。这些行为不仅违反了法律规定，也破坏了市场的健康发展。

随着金融产品的多样化和复杂化，投资者面临的风险也日益增加。因此，金融机构有责任通过有效的投资者教育来提升投资者的金融素养，尤其是要提升投资者的风险识别和风险管理能力。这不仅有助于投资者作出更明智的投资决策，也有助于维护金融市场的稳定性和公平性。

长期以来，刚性兑付的问题一直是金融市场的一个隐患。它指的是金融机构无论面临何种情况，都要保证投资者本金和收益的安全，这种做法虽然短期内可能会增加投资者的信心，但从长期来看会扭曲市场风险预期，降低投资者的风险意识，最终可能导致市场失衡。因此，打破刚性兑付，推动“买者自负、卖者尽责”的市场理念，对于建立健康的金融生态系统至关重要。

金融管理部门对刚性兑付情况进行了规定。

第一，资产管理产品的发行人或者管理人违反真实公允确定净值原则，对产品进行保本保收益。

第二，采取滚动发行等方式，使得资产管理产品的本金、收益、风险在不同投资者之间发生转移，实现产品保本保收益。

第三，资产管理产品不能如期兑付或者兑付困难时，发行或者管理该产品的金融机构自行筹集资金偿付或者委托其他机构代为偿付。

第四，金融管理部门认定的其他情形。

发生纠纷时，对于合同中所含的保证本息固定回报、保本及其他刚性兑付条款，法院应当判决其无效。私募基金管理人、托管者及其他类型工作人员不得承诺保本和最低收益。

在实践中还存在以补充条款或其他形式承诺保底或刚兑，或者约定即便产生损失也会补足预期收益等条款。这些条款均属刚兑条款，应被判定无效。在资产管理领域，投资者应当承担与其投资收益相匹配的风险。当管理人承诺无论如何都保证投资者的本金或预期收益时，这实际上破坏了市场的风险分配机制。因此，这种刚性兑付的承诺不仅不公平，而且可能对整个金融市场的稳定构成威胁。所以，无论是通过补充协议还是通过其他任何形式约定的刚兑条款，都应被视为无效。

在基金买卖中，还存在一种常见的刚兑情况，即第三方承诺刚兑，第三方可能是投资顾问或者关联方。

（1）投资顾问的刚兑承诺效力

《中华人民共和国证券投资基金法》禁止基金投资顾问承诺或者保证投资收益。此类承诺无效，且损害公共利益，违反相关法规。而在股权类、创投类及其他私募基金领域中，投资顾问给出类似承诺是否有效则需视情况而定。

（2）关联方的刚兑承诺效力

信托合同之外的当事人提供第三方差额补足、代为履行到期回购义务、流动性支持等类似承诺文件作为增信措施，其内容符合法律关于保证的规定的，人民法院应当认定当事人之间成立保证合同关系。其内容不符合法律关于保证的规定的，依据承诺文件的具体内容确定相应的权利义务关系，并根据案件事实情况确定相应的民事责任。

私募基金管理人、私募基金销售机构及其从业人员在私募基金募集过程中不得通过口头、书面或者短信、即时通信工具等方式直接或者间接向投资者承诺保本保收益，包括投资本金不受损失、固定比例损失或者承诺最低收益等情形；不得夸大、片面宣传私募基金，包括使用安全、保本、零风险、收益有保障、高收益、本金无忧等可能导致投资者不能准确认识私募基金风险的表述，或者向投资者宣传预期收益率、目标收益率、基准收益率等类似表述。私募基金管理人的出资人、实际控制人、关联方不得从事私募基金募集宣传推介，不得从事或者变相从事上述行为。

在司法实践中，私募基金管理人、基金销售机构、投资顾问机构作出的刚兑承诺一般会被认定为无效，私募基金管理人的从业人员及其关联方作出的刚兑承诺是否有效存在争议。但从监管角度看，刚性兑付属于监管红线，不论刚兑条款的法律效力如何，私募基金管理人均应杜绝任何形式的刚兑安排。

当刚兑条款被认定为无效时，责任的承担就变得复杂了。根据相关法律，如果合同中的刚兑条款无效，那么受托人（通常是基金管理人）可能需要对受益人（即投资者）的损失承担赔偿责任。当刚兑条款被认定为无效时，合同中的其他条款仍然有效，管理人和投资者通常需要根据各自的过错分担损失。在确定责任分配时，法院会考虑多种因素，包括管理人的保底承诺对基金销售的影响，以及投资者对风险的认知和接受能力。

第四节　私募基金管理人义务

私募基金管理人并非指个人，而是指某个群体，公开募集私募基金管理人通常是指那些经过国家证券监管机构核准，具有法人资格的基金管理公司。它们负责基金的日常运作，包括资产的投资决策、风险控制和收益分配等。在私募基金领域，私募基金管理人主要是指那些作为受托人的私募基金公司，它们不仅需要募集资金，还要负责基金的整体管理和运作。基金管理人的决策和行为直接影响投资者的财产安全和投资回报。

私募基金的运作涉及三个主要角色：投资者、私募基金管理人和基金托管人。投资者提供资金，是基金运作的资本来源。私募基金管理人负责投资决策，是私募基金运作的核心，其专业知识和策略直接影响投资回报。基金托管人担任监督角色，确保私募基金管理人的操作符合投资者利益。梁清华教授对此的阐述是："私募基金管理人是私募基金的运作核心。"[①] 这一观点目前在学界认可度较高。

从上述分析可知，私募基金管理人在整个市场中的作用十分重要，明确其地位的意义也十分重大。对此，我们要明确私募基金管理人的权利与义务。梁清华教授认为："就基金内部的运作而言，投资者出资之后，除了有关利益分配的权利和法定及约定信息的知情权外，管理人掌握了几乎全部的决策权和执行权；从对外法律关系看，实际撮合交易和执行交易的都是管理人。可以说，管理人的行为决定了私募基金的行为。"[②]

一、规范私募基金管理人义务的重要性

（一）投资者处于弱势地位

在私募基金领域，私募基金管理人的职责是至关重要的。其不仅需要依法募集资金和办理私募基金备案，还需要分别对所管理的不同私募基金财产进行管理、记账，并进行投资。此外，私募基金管理人还需按照私募基金合同约定管理私募基金并进行投资，建立有效的风险控制制度。由于受私募基金的特性所限，投资者在面对管理人的不当行为时可能处于不利地位。

投资必然存在风险，当投资者将自有资产交予私募基金管理人代为管理时，风险就产生了。投资管理是一个复杂且具有风险性的领域，尤其是当涉及大额资金和所谓的"合格投资者"时。合格投资者通常被认为是有经验和资源来承担投资风险的个人或机构。然而，即使是这些投资者，也不能避免被欺诈和市场操纵。2008 年的麦道夫诈骗案就是一个典型的例子，它揭示了即使是最精明的投资者也可能成为复杂欺诈计划的受害者。在这起案件中，伯纳德·麦道夫（Bernard L. Madoff）利用投资者对他的信任及他在金融界的地位，实施了一个庞大的庞氏骗局，导致许多投资者损失了数十亿美元。即便最后麦道夫被法律制裁，但投资者的经济损失仍难以挽回。

私募基金投资者面临的风险确实不容小觑。由于私募基金的信息披露和公示不如公募

① 梁清华．论中国私募基金管理人注册制度的完善 [J]. 学术月刊，2015，47（1）：109-114.

② 梁清华．论中国私募基金管理人注册制度的完善 [J]. 学术月刊，2015，47（1）：109-114.

基金透明，投资者往往难以时刻掌握管理人的动向和基金的具体情况。这种信息不对称可能导致投资者在监督管理人时处于不利地位。即便是经验丰富的合格投资者，遇到基金管理人故意隐瞒、违法的情况时也很难及时察觉并保全自己的财产。

（二）私募基金管理人对投资盈亏没有法定责任

我国私募基金从无到有、从违法到合法，这一过程中相配套的法律逐渐完善，也经历了规范与改革，许多问题也逐渐暴露出来，尤其是私募基金管理人对投资盈亏不负法律责任。如果私募基金管理人未能履行相应的义务、承担相应的责任，甚至违反职业道德，投资者及其他利害关系人的权益必将遭到侵害，但是根据现有法律，对私募基金管理人进行追责，挽回受害人损失是比较困难的。

在现行的私募基金法律框架下，私募基金管理人是基金管理运作的主要执行者。根据合同约定，私募基金管理人能够独立决策基金的运作方式，对运营风险有直接的掌控权。而投资者虽然掌握着证券，但是仅有间接控制资金的能力。目前，我国法律对私募基金管理人责任的规定不够明确。因此，建立一个明确的私募基金管理人责任机制，不仅能够为投资者提供更加坚实的保障，也能促进私募基金管理人更加审慎地进行投资决策，从而推动整个私募基金行业的健康发展。

在现代金融法律体系中，私募基金管理人的民事责任认定是一个复杂而微妙的问题。学界对此有三种主要观点。第一种观点认为，将私募基金法律关系视为契约关系的观点强调了合同自由原则的重要性认为在私募基金管理人与基金投资者之间存在契约关系时，由此产生的民事责任当属契约责任。第二种观点认为，如果没有签订合同，那么就不会存在违约行为，此时若私募基金管理人的行为侵害了投资者的合法权益，那么仅能认定为侵权。第三种观点试图平衡前两种观点，提出私募基金管理人应当承担独立责任，私募基金有独立的目的，其所定民事责任应属一种独立类型，不必强行纳入民法所定之责任类型中。然而，在我国法律规定中，没有明确私募基金管理人应对投资的盈亏负法律责任，这种法律上的空白可能导致私募基金管理人与投资者之间的权利义务关系不平衡，从而影响投资者的合法权益。因此，为了实现公平正义，保护投资者的利益，有必要对私募基金管理人的民事责任进行详细的界定和规范。

（三）私募基金管理人投资过程中存在利益冲突和机会主义

《中华人民共和国信托法》对个人私募基金交易做了明确的规定，个人必须符合一定的制度条件，才能成为合格投资者参与私募基金交易。在这个过程中，信息披露十分重要，个人也完全可以自由地选择是否进行交易。

在信息披露领域，美国的制度特别强调利益冲突的透明度。这种披露要求机构必须保留个人交易记录。日本也对利益冲突进行了相关规定。根据日本学者道垣内弘人的观点，利益冲突并不是简单地评价某一方是否占便宜或吃亏，而是要从市场供需关系的角度来看待价格波动。在交易中，即使价格上涨导致买方支付更多，而卖方收入增加，这种看似单方面的利益增加实际上可能是市场供需关系的正常反映。因此，即使在买卖双方都能获得所需的情况下，仍然需要警惕潜在的利益冲突，以确保交易的公正性和市场的健康发展。

在私募基金的投资实践中，机会主义行为是一个复杂且具有争议的议题。它涉及利益冲突和职业道德的界限，要求管理人在面对诱人的投资机会时，必须权衡其稀缺性和潜在的风险。一个负责任的私募基金管理人应当严格遵守行业规定，确保每项投资决策都是在充分排除利害关系人影响的前提下作出的，以维护投资者利益和市场的公平性。

在私募基金实践中，确定私募基金管理人是否利用信息不对称侵害投资者利益具有一定难度。首先，私募基金管理人可能同时处理多个基金，投资目标多样，难以判断是否存在私自利用机会的情况。其次，投资机会是否稀缺，需多方评估，且投资决策主观性强，强行从客观角度认定的行为不妥。最后，私募基金管理人一般不会在投资前征求投资者同意，决策者是否存在利益冲突也难以认定。

二、私募基金管理人义务的主要内容

私募基金管理人在某种程度上对委托给他们的资产拥有控制权。因此，他们有责任确保这些资产增值或至少保持其价值。法律明确要求，基金管理人必须严格遵循资产实际所有者的意图，为了所有者的利益来管理和处置这些资产。在投资者和基金管理人之间签订的预先协议的基础上，法律规定了基金管理人的职责，这对于受益人来说是最基本的义务。基金管理人的责任意识对于防止滥权并减少与投资者间的利益冲突至关重要。

基金管理人应根据投资者的指示，在法律的框架内对特定的独立财产进行管理。鉴于证券投资可能带来的高额回报，基金管理人在个人利益的诱惑下，可能会采取欺骗投资者或进行自我交易等不当行为以谋取私利。基金管理的本质是将投资者的财产管理权移交给基金管理人，这种分离式管理为基金管理人违反其职责提供了可能。因此，在法律实践中，赋予基金管理人以信托责任，依靠国家的强制力量来确保其履行职责，对于降低投资风险和防止基金管理人滥用职权具有重要意义。

（一）忠实义务

1. 忠实义务的界定

英国法学家 D. J. 海顿（D. J. Hayton）在其所著的《信托法》中把基金管理人的忠实义务定义为："这是一种衡平法义务，要求受托人为了投资者及相关受益人之利益进行信托财产的处分，无论是哪个受益人均可要求其实施这种义务并可以强制其实施该行为。除了合同中另有约定以及在法律条文中明确规定的豁免条款外，受托人的一切疏忽大意的行为都是违反受托义务的行为。”郭峰教授亦对忠实义务有独到的认知，认为该义务内容包括受托人之唯一目的——为保卫受益人的利益，不得通过受托财产为除受益人以外的任何人牟利，即受托人必须避免与受益人就受托事务发生任何利益冲突。余卫明教授认为，受托人的忠实义务是指受托人在管理、处分信托财产时，应当从投资者角度出发，一切以受益人的利益工作为重心，不得违背投资者的意愿。而在《信托法》中强调委托人对基金管理人存在天然的信赖心理，相应地，基金管理人在投资管理中基于投资者的信赖，应恪守忠诚勤勉义务处理受托事务。

2. 忠实义务的具体内容

（1）私募基金管理人不得利用自身优势地位为自己谋取私利

私募基金管理人实际上控制着基金的运作，并拥有对基金财产的事实控制权。在管理过程中，私募基金管理人可能会利用其优势地位和获取的信息为个人谋利，这种行为是被明确禁止的。私募基金管理人不得利用基金财产为个人谋利；不得利用信任地位谋私利；不得利用知悉的信息或交易机会为个人谋利；不得违反法律或职业道德从事竞业活动。如果私募基金管理人利用这些优势谋取私利，那么其可能会背弃对投资者的忠诚义务，从而损害投资者的利益。

在私募基金的运作中，管理人从与投资者签订的合同生效之日起，便有权收取管理费。根据国际通行的做法，当基金的收益超过预定的门槛时，管理人还可获得最高达总收益 20% 的业绩报酬。无论私募基金的投资结果如何，管理人的基本经济待遇保持不变。作为投资的直接管理者，私募基金管理人控制着投资者的资产，并全面了解投资和相关财产的信息。面对可能的高额回报，私募基金管理人必须优先考虑投资者的利益，严格遵守信义义务，禁止利用其优势地位为个人谋取不正当利益。

在私募基金领域，私募基金管理人与投资者的利益冲突是一个普遍现象。为了维护投资者的利益，基金管理人必须努力避免交易冲突。如果冲突不可避免，则私募基金管理人有责任及时向投资者报告，并迅速透明地披露所有相关信息。同时，私募基金管理人与股东之间的关联交易应受到严格控制。私募基金管理人不得利用信托地位获取不正当利益，更不得挪用委托资产。在司法实践中，建立“老鼠仓”行为应受到严厉打击。

（2）禁止自我交易

“自我交易”这一术语通常用于描述私募基金管理人在没有涉及第三方的情况下，将其个人资产与其管理的信托资产进行交易的行为。这种行为可以分为两种情况：一是私募基金管理人购买信托资产；二是私募基金管理人出售信托资产以购买个人资产。在多数国家（包括我国）的基金投资法律体系中，自我交易被视为冲突利益的行为，因此被严格禁止。这不仅包括直接的自我交易，也包括那些通过关联方进行的间接自我交易。

私募基金管理人进行自我交易通常是出于个人利益考虑。他们可能会低价购入信托资产，或者高价将自己的资产卖给信托，这些行为都违反了职业道德并损害了投资者的利益。作为买卖双方，私募基金管理人陷入了明显的利益冲突中。一旦资产被转让，就难以证明交易更多是为了谁的利益，交易的公正性也成了一个谜。在大多数情况下，法院无法获得充分的证据来确定私募基金管理人是否滥用了自己的职权。当投资者的利益受到这种威胁时，他们对私募基金管理人的信任度自然会降低。因此，法律规定私募基金管理人不得进行自我交易。

但是如果投资者与私募基金管理人曾达成明确约定，或者法律许可，自我交易也可以是有效的。除此之外，一切自我交易均属无效。如果投资者要求取消私募基金管理人的自我交易，金融机构应考虑投资者的利益，并在一个合理的时间内取消。

（3）公平交易

在私募基金领域，私募基金管理人与投资者之间的内部交易需遵循公平交易的原则。只有交易不违背这一原则，才会被认为是合法的。公平交易原则允许私募基金管理人在特定条件下购买投资者的财产，这与禁止自我交易的规定略有不同。在日本，这种在特定条件下的公平交易被视为自我交易原则的一种限制。公平交易的核心目的是保护投资者或受益人的权益，防止基金管理人利用信息不对称进行不公正交易，从而侵占不应得的利益，确保制度设计上的公平性和正义性。

私募基金管理人受到投资者的信赖，拥有对其资金的管理权。投资者的决策往往会受到私募基金管理人行为的影响，而这种信任是有法律支持的。由于私募基金管理人对委托资产有深刻的了解，因此他们的建议可能会显著影响投资者的选择。然而，如果基金管理人滥用这种信任，通过不公平的价格或条件交易，就会对受益人造成损害。公平交易是内部交易被允许的唯一条件。有效的交易是在投资者完全自愿、未受私募基金管理人欺诈或误导，并且私募基金管理人已经透露了所有关键信息的情况下进行的。如果无法证明交易的公正性，投资者有权撤销该交易。

（4）利益冲突机制与竞合行为禁止

私募基金作为一种潜在高收益的投资组合方式，尽管其有失败的可能性，但是成功后的高收益依然会吸引投资者投资。鉴于此，私募基金管理人若违背忠实义务，可能会给投资者造成重大损失。合格投资者与私募基金管理人之间是存在利益冲突的，为了防止出现因违背忠实义务而导致投资者利益受损的情况，私募基金管理人需遵循“利益冲突机制”规则。由于私募基金的信息披露不足，很可能出现管理人利用信息优势为自己谋求不当利益的情况，因而私募基金管理人必须遵循“竞合行为禁止”规则。

在私募基金投资管理中，利益冲突机制和竞合行为禁止要求私募基金管理人必须尽到以下义务：首先，私募基金管理人必须依据其专业知识和经验，合理地运用资金进行投资，确保投资者能够获得收益；其次，私募基金管理人需确保个人资产与私募基金资产保持独立，避免混合；最后，私募基金管理人不应为他人利益而损害投资者应得的合法利益。值得强调的是，不仅作为机构的私募基金管理人要遵守忠实义务，其员工同样应当遵守职业道德，尽到忠诚义务，不得损害投资者的合法权益。

（二）勤勉义务

1. 勤勉义务的界定

在大陆法系国家和地区中，勤勉义务被称作善良管理人的注意义务，其内容主要由民法典规定。私募基金管理人的注意义务也据此而规定。勤勉义务是英美法系国家对此项义务的叫法。在信托法律关系中，勤勉义务是私募基金管理人必须履行的基本义务。美国《信托法重述》（第3次）对勤勉义务的规定相当具有代表性，其第227条规定“受托人对受益人负有义务，应当考虑信托目的、信托期限、分配要求和信托的其他情况，像一个谨慎投资人那样投资和管理信托财产”。我国也将这项义务称作勤勉义务，不过无论名称如何，其内容的认定及施行都是相同的。

勤勉义务要求私募基金管理人在决策前必须尽职调查，确保投资者充分理解相关的重要投资信息和交易成本。在投资执行后，私募基金管理人应继续本着诚信原则，公正高效地管理投资。私募基金管理人的决策若在事后看来并非最佳选择，但只要其决策过程审慎，便不应认定其违反了职责。虽然投资本身具有不确定性，但通过私募基金管理人的勤勉管理和投资整合，可以显著提高投资的成功率。

2. 勤勉义务的具体内容

（1）需谨慎投资

根据新制度经济学的理论，法律体系的构建旨在减少交易成本。对于任何投资活动而言，计算交易成本都是首要任务，这也是私募基金管理人审慎投资的基础。

在履行与投资者利益相关的职责时，私募基金管理人必须认真谨慎地调查目标公司的运营信息，并根据调查结果作出合理的投资分析与决策，以最大限度地减少交易障碍、避免可能引起的股东诉讼或对并购后的企业运营产生不利影响。虽然不必要求私募基金管理人直接进行这些调查，但他们至少应该委托专业人员和机构完成必要的调查工作，以确保私募基金管理人不会因消极怠工而影响投资效果。此外，私募基金管理人还需要通过这些调查来估算投资成本。正如钱弘道教授所言：“从实现资源配置最优化的原则出发，选择合适的权利义务的初始界定，以减少不必要的交易成本。”[①]

（2）投资中要讲求效率

法律所追求的效率体现在其能通过明确的权利和义务规定来促进社会资源的合理分配与优化使用。在快节奏的商业环境中，法律不仅要保障决策的质量，同时也要适应市场的变化，确保法律规定不会成为阻碍市场效率的障碍。

在紧急情况下作出快速决策时，决策者往往在几次简短的会议后迅速作出选择。虽然这样的决策可能会导致投资失败并带来损失，但同时也需要考虑，在有限的时间内作出的不完全成熟的投资决策与潜在的预期收益之间如何选择，才能最大限度地保障合格投资者的利益。

（3）诚实信用地对待受托事务

在法律领域，诚实信用原则通常被视为民法的核心准则之一。该原则要求民事行为主体在进行民事活动时，应当遵循诚实守信的行为标准，恪守善意原则，合理行使权利和履行义务。它主要针对的是在民事法律关系中的不诚实行为，如欺诈和损害他人利益的行为。此原则强调在民事活动中民事主体要公平地考虑自身利益与他人利益，以及社会公共利益。对于私募基金而言，投资者一旦投入资金，便无法再直接控制这些资金，而私募基金管理人拥有对资金的广泛自由裁量权。这个权利越大，管理人与投资者之间的利益冲突就越明显。因此，管理人应严格遵守诚实信用原则，恪守勤勉义务，禁止利用信息不对称进行欺诈行为，以确保资金合理运作、投资者利益得到保护。

（4）要亲自管理

信托行为中的法律关系建立在信任的基础之上，投资者之所以愿意将自己的资产委托给私募基金管理人进行管理运作，是因为信任其才能、品质和专业素养。这也就决定了私募基金管理人必须主动为投资者的利益考虑，并且亲自管理财产，处理相关事宜，未经同意不得将工作委托给他人。

对于私募基金管理人需亲自管理这一条，很多国家对此都有明文规定，但是其并非没有变通的余地。随着社会的不断发展，分工变得越来越细化，很多岗位的职责也变得更加细化，一项工作可能需要数个岗位合作完成。相对地，委托事务具有极强的复杂性，而私募基金管理人的知识往往是有限的，因而要求其事事亲力亲为且面面俱到是不现实的。因此，将非投资管理核心业务委托给专业人员处理，对信托受益人是有益的。若私募基金管理人因特殊情况临时无法履职，应尽快通知投资者，征求其同意后将受托事务委托他人代理，以确保投资者的利益得到保护，而投资者也应允许进行这种临时委托转让。

在英美法系中，委托代理关系通常被划分为两大类。一是事务性代理，主要是指客户

① 钱弘道 . 经济分析法学 [M]. 北京：法律出版社，2003：1.

将特定的事务委托给专业人士来处理。如上文所述，随着社会分工越来越细化，私募基金管理人很难独自处理所有委托事务，因此应允许其聘请其他专业人员处理非核心事务。二是自由裁量代理，主要是指私募基金管理人可以在某些情况下，暂时将所有信托事务委托给他人。被委托者将依据自己的判断和信托文件的规定独立处理事务。相比之下，大陆法系的相关规定较为简洁，仅简单地要求私募基金管理人必须亲自履行管理职责。

三、私募基金管理人违反义务的救济措施

（一）损失赔偿责任

损失补偿责任指的是私募基金管理人在履行其职责时，若自身行为或疏忽导致受托财产遭受损失，若非法律明确规定可免除责任的情形，私募基金管理人应当对此损失承担相应的赔偿责任。私募基金管理人承担损失赔偿责任，其构成要件至少应包括以下 4 个方面。

1. 私募基金管理人实施了违反义务的行为

私募基金管理人负责运营和管理受托资产，这一职责要求他们具备专业的投资管理能力，同时坚守职业道德。私募基金管理人应当以严谨、理性的态度履行其应尽的职责和义务，确保投资者的利益得到妥善保护。当私募基金管理人因违反其职责和义务而导致投资者遭受损失时，他们应当承担相应的法律责任。

2. 私募基金管理人的行为使投资者产生不必要的损失

私募基金投资的投资运作过程中不可避免地存在着投资失败的风险。私募基金投资本质上属于风险投资，投资者在选择进行此类投资时，就同时接受了其潜在的高风险性。投资者在投资过程中出现投资失败的情况时，不能将责任全部推到私募基金管理人身上，只有当私募基金管理人因管理不善、未尽到合理的义务等导致发生了原本可避免的损失时，私募基金管理人才应补偿部分损失。

3. 投资者的不必要损失与私募基金管理人的行为有因果关系

在确定责任归属的情况下，因果关系扮演着至关重要的角色，当投资者遭受损失时，若能证明这些损失与私募基金管理人的不当行为之间存在因果联系，无论是直接的还是间接的，那么私募基金管理人便需要承担相应的责任。若投资损失并非由私募基金管理人的不当行为所致，市场因素成为投资失败的主因时，那么即使投资者遭受了损失，私募基金管理人也无须承担民事责任。

4. 私募基金管理人的行为有故意或重大过失

私募基金管理人作为投资理财专家，其专业地位赋予了其更高的责任标准，其应严格

遵守行为规范与职业道德准则，积极采取措施保护投资者的利益。在实际操作中，若私募基金管理人违反了行为规范或职业道德规范，损害了投资者的利益，存在主观上的过错或重大疏忽，其就应当对投资者的损失承担相应的赔偿责任。

笔者认为，对于私募基金管理人的不当行为，必须采取严格的监管措施，当私募基金管理人的行为超出合理范围，除了责令其对造成的损失进行补偿，还应当对其进行适当的处罚。在我国现行的法律体系中，私募基金管理人没有民事赔偿责任的限制，对于私募基金管理人的不当行为，应当首先确保损失得到合理的补偿。

（二）恢复原状责任

当私募基金管理人未能履行其法定职责，而是进行了不当的投资决策时，各国的法律体系通常要求私募基金管理人采取必要措施将投资者的财产恢复原状。然而，在实际操作过程中，私募基金管理人被要求恢复财产原状，并不等同于不考虑任何成本和后果地追求财产的完全恢复，私募基金管理人在履行其民事责任时，应当考虑多种因素，评估受托财产恢复原状的可能性和必要性，还应当权衡恢复原状所涉及的成本与收益。在受托关系中，美国通过一种特定的机制来实现对受托财产的恢复，具体而言，该机制通过处置代位物来恢复受托财产的原状，即通过债权保护受托财产。相比之下，日本和韩国等大陆法系国家通常通过物权来恢复受托财产。在我国，投资者通常通过行使对私募基金管理人的撤销权来恢复受托财产。

（三）受益人对私募基金管理人行为禁止的请求

在私募基金的资金募集过程顺利完成之后，投资者往往选择不直接参与基金的日常管理活动，他们更倾向于将管理职责委托给具有专业背景和经验的私募基金管理人。然而，在我国现行的法律体系中，投资者并未被赋予对私募基金管理人可能实施的违法或不当行为行使禁止请求权的法律权利。这意味着，即使私募基金管理人存在违反法律法规或基金合同约定的行为，投资者也难以通过行使禁止请求权来及时制止这些行为，还可能面临权益受损的风险。

与一般的证券投资者相比，私募基金投资者通常具备较高的综合投资素养，以及较强的资金实力、投资能力和风险承受能力。因此，私募基金投资者能够评定私募基金管理人的操作是否符合投资策略和法律法规的要求，以及其操作是否偏离了合同的初衷或构成了违约行为。在某些情况下，私募基金投资者能够在第一时间发现私募基金管理人的异常行为，敏锐地识别出私募基金管理人可能已经触犯了相关法律法规，对他们的合法权益构成了潜在的威胁。在民事法律关系的范畴内，当所有权人及受到合同法规范约束的任何一方当事人的合法权益遭到侵害时，他们可以依据民事法律请求停止侵害行为、排除妨碍等。

通过这些法律救济手段，民事法律关系中的当事人能够有效地制止不法侵害行为，维护自身的合法权益。在私募基金法律关系中，私募基金的运作通常涉及庞大的资金规模，管理活动的复杂性及风险的多样性要求法律为投资者提供更为细致的保护。因此，我国法律应授予投资者对私募基金管理人的行为禁止请求权。

四、我国私募基金管理人义务的规定及其立法中存在的不足

私募基金在我国的发展尚处于起步阶段，现行的关于私募基金管理人义务的规定尚存在许多不完善之处，这可能会在一定程度上导致市场参与者在投资决策、风险管理及合规操作等方面面临不确定性，进而影响整个行业的长期健康发展。

（一）我国私募基金管理人义务的规定

1. 我国私募基金管理人忠实义务的规定

我国《信托法》第二十五、二十六条都是对基金管理人忠实义务的规定。其中，第二十五条要求基金管理人严格遵守信托规定，以维护投资者最大利益为视角阐述了基金管理人的忠实义务。第二十六条是从基金管理人收益的角度阐述了其忠实义务，要求基金管理人除依照法律规定取得收益外，不能利用受托财产谋取私利。

我国《信托公司管理办法》对基金管理人忠实义务的规定虽多，但其内容并不集中在一个法律条文中，而是散见于第二十五条和三十三条至三十五条当中。可以将其概括为以下内容：其一表现在基金管理人处理受托事务方面，原则上应当避免利益冲突，否则拒绝接收该业务，在无法避免又符合法律情理时，要及时、全面地向委托人和受益人进行信息披露；其二是限制基金管理人的关联交易；其三是要求基金管理人禁止其利用优势地位谋取私利；其四是基金管理人开展关联交易首先应当得到投资者认同，其次应当按市场价格进行交易。

在《私募投资基金监督管理暂行办法》中也有许多忠实义务的规定，其目的在于维护投资者利益。该法第三条要求基金管理人遵循自愿、公平、诚实信用等基本原则；第二十二条规定设立保护投资者权益新机制，包括防范利益输送与利益冲突机制。第二十四条规定私募基金管理人应进行全面、如实的信息披露，并列举了应当披露的信息内容。

2. 我国私募基金管理人勤勉义务的规定

我国法律对私募基金管理人勤勉义务的规定至今都比较简单。最初仅仅要求私募基金管理人恪尽职守、履行诚实信用等义务，后来在强调私募基金管理人勤勉义务的同时，明确使用了“勤勉义务”一词。紧接着又在《私募投资基金监督管理暂行办法》第四条中提出了勤勉义务的内容，要求私募基金管理人“恪尽职守，履行诚实信用、谨慎勤勉的义

务”，该法同时增加了允许私募基金管理人投资组合的规定。我国《信托公司管理办法》第二十四条也规定了基金管理人要“恪尽职守，履行诚实、信用、谨慎、有效管理的义务，维护受益人的最大利益”。另外，我国《信托法》第三十条还明确了基金管理人应当亲自处理受托事务;《私募投资基金监督管理暂行办法》第十六条提出私募基金管理人“自行销售私募基金的”，要对投资者有充分的了解，全面了解其风险识别和风险承担能力。

3. 我国私募基金管理人违反义务救济措施的规定

我国《私募投资基金监督管理暂行办法》在第二十三条中对私募基金管理人的一些禁止行为作出了相关规定，同时在该法的第三十八条中规定了关于禁止行为的法律责任。《信托法》第二十二条规定投资者权利受到损害可以请求法院救济其权利，救济方式是行使撤销权，并要求基金管理人赔偿损失或恢复原状。投资者的撤销权是一项民事权利，可见我国法律对投资者赋予了救济其权利的途径和方法。

另外，《私募投资基金监督管理暂行办法》第二十一条也是关于投资者的救济权的内容。当基金合同约定私募基金不进行托管时，必须在合同中明确约定保障财产安全的制度措施，还应当有相对应的纠纷解决机制。这一规定使投资者能够通过合同约定拓宽自身权利，保障自身权益。

（二）我国私募基金管理人义务立法中存在的不足

1. 我国私募基金管理人义务规定过于分散

在当前社会和经济快速发展的背景下，针对我国私募基金管理人义务的立法体系还存在一些不合理之处。具体而言，在立法形式上的不合理性主要表现为立法过于分散，缺乏统一性和系统性。在我国，私募基金管理人义务的相关立法主要散落于民商事法律规范之中，这种分散的立法模式不仅增强了法律适用的复杂性和不确定性，也削弱了法律的整体效能。一方面，立法内容的重复现象较为普遍；另一方面，由于缺乏体系化的义务规定，使得私募基金管理人在履行义务时缺乏明确的指引和约束，难以形成有效的监管和自律机制。我国当前的法律法规并未根据公募基金与私募基金的不同性质对基金管理人的义务内容进行区别化规定，即无论是公募基金还是私募基金，基金管理人所承担的基本义务和责任在法律层面上是统一的。公募基金是一种面向广大公众的理财工具，其受众群体极为广泛，涉及的利益主体众多。因此，在法律实践中，应对公募基金管理人采取更为严格的监管措施，保护广大投资者的利益。相较之下，私募基金主要服务于少数具有特定财务需求的人或团体。这类基金的投资者通常需要具备一定的商务知识和投资经验，他们必须有能力对投资项目进行独立的评估。因此，对于私募基金管理人的要求可以适度放宽。

综上所述，根据基金种类的差异，基金管理人所应承担的责任宽严程度应当有所区别。

为了进一步规范基金管理人的职责，我国有必要在充分调研和广泛征求意见的基础上全面梳理和审视现行基金管理人义务，制定专门针对私募基金管理人的法律法规。

2. 我国私募基金管理人义务具体内容规定不完善

（1）我国私募基金管理人忠实义务规定不完善

在我国的法律体系中，针对私募基金管理人所承担的法律义务的规定基于诚实信用原则，这一原则通常需要结合具体的情境和背景来明确其具体含义和应用方向。然而，在这一原则制约下的规定在实际运用相关法律的过程中，对于私募基金管理人的行为指导作用相对有限，往往缺乏足够的操作性和明确性。此外，我国的现行法律法规在私募基金管理人的义务方面的规定较为宏观，以《信托法》作为基金管理人承担赔偿责任的主要依据。《信托法》虽然对基金管理人的竞业禁止义务进行了明确的规定，但是并没有细化忠实义务这一核心概念及其详细内容，这会在一定程度上导致私募基金管理人在实际操作过程中面临更多的不确定性和潜在的法律风险。

通观我国《证券投资基金法》，全文采用“职责”一词对基金管理人义务作出概括，并未直接使用“忠实义务”一词。但是忠实义务贯穿私募基金的资金募集、投资运作、资金退出的整个过程。我国新修订的《证券投资基金法》首次出现规范利益冲突各方交易的内容。在《私募投资基金监督管理暂行办法》第二十二条中也规定建立一个“防范利益输送和利益冲突的机制”。从我国现行立法可以看出，其本质为强调私募基金管理人应当坚持忠实义务。

从最初的《信托法》开始，到现今的《私募投资基金监督管理暂行办法》，都未忽视对私募基金管理人义务的规定。从现有的法律法规的规定中可以看出，其具体内容仍有诸多不足。

第一，私募基金管理人的忠实义务概念在现行法律体系中尚未得到明确的界定。《信托法》是私募基金管理人义务的法律基础，然而在《信托法》中并未对私募基金管理人的忠实义务作出具体而明确的阐述。《证券投资基金法》及《私募投资基金监督管理暂行办法》作为进一步的法律规范，同样未对私募基金管理人忠实义务的概念进行明确界定。这导致在实际操作中，私募基金管理人对于忠实义务的理解和执行存在一定的模糊性。尽管私募基金管理人的“诚实信用原则”在某种程度上与“忠实义务”存在相似性，但两者在本质上存在区别。“诚实信用”与“忠实义务”之间虽存在一定的重叠，但本质上却有着明显的区别。私募基金只是基金的一个部分，私募基金管理人的忠实义务需要更为细致和专业的法律规范来加以明确和指导。

第二，关于禁止关联交易的法律界定不清晰，针对关联交易行为的规定目前仍存在一定的不足。在我国过去的法律体系中，对于关联交易行为一直缺乏具体的规范，甚至在理论上对“关联交易”这一概念也没有进行明确的界定。关联交易是一种严重违反私募基金管理人忠实义务的行为，其性质极为恶劣。由于现行法律法规中缺乏对关联交易的明确界定和具体规定，在投资者未能履行相关义务时，对私募基金管理人的行为进行认定的过程中往往会遇到困难。这种认定上的模糊性不仅容易导致法律执行上的偏差，还会降低法律的执行效率，给司法实践带来诸多挑战。我国在2012年修订的《证券投资基金法》中首次提出了关联交易，这填补了我国法律对基金管理人关联交易规定的空白。2023年7月3日出台的《私募投资基金监督管理条例》中，也提到了要建立健全关联交易管理制度。

（2）我国私募基金管理人勤勉义务规定不完善

在针对私募基金的立法中，关于私募基金管理人勤勉义务的规定仍旧参照之前相关法律的内容与形式，尽管立法者在制定法律法规时考虑到了私募基金管理人的勤勉义务理念，但仍旧没有针对勤勉义务的概念给出明确的定义。在实际操作层面，私募基金管理人对于勤勉义务的理解和执行仍然存在一定的模糊性。此外，对于私募基金管理人未能履行勤勉义务时应承担的民事责任，现行的法律规定也显得不够充分和明确。我国目前缺少单独规定基金管理人勤勉义务的法律。

我国现行的法律法规对于私募基金管理人勤勉义务的规定较为宏观，这在实际操作中产生了两个主要问题。首先，由于对私募基金管理人的约束机制相对宽松，客观上为私募基金管理人滥用职权提供了潜在的空间。这不仅增加了私募基金管理人滥用权利的可能性，也相应地提高了投资风险。其次，立法标准的不足使得私募基金管理人在履行其应尽义务时缺乏明确的指导，特别是在评估私募基金管理人是否严格遵循谨慎投资原则时常常遇到各种困难。

3. 我国私募基金管理人违反义务救济机制不充分

《私募投资基金监督管理条例》总共七章，内容涉及私募基金的发起、管理运作到退出的整个机制，其中对投资者与私募基金管理人的权利和义务都做了宏观或微观规定。但是，该条例对私募基金管理人违反义务救济机制的规定却不够充分。

（1）投资者没有直接面向私募基金管理人的禁止请求权

当投资者权益受损时，我国的现行法律主要通过两种途径实施救济：一是通过司法途径对侵权行为实施行政处罚，二是要求责任方承担相应的民事责任。法律赋予了投资者撤销权，允许投资者在一定条件下撤销某些无效或可撤销的交易行为，以此来维护投资者的权益。然而，撤销权的行使必须遵循一定的司法程序，这意味着投资者需要通过法院行使这一权利，由于诉讼程序的复杂性，投资者在权益受损时可能无法及时地采取有效的自我保护措施。因此，从实际效果来看，撤销权往往难以充分发挥其应有的保护作用。

（2）私募基金管理人法律责任规定不完善

当私募基金管理人未能恪守其职责，违反应尽的义务时，通常会受到证监会的行政处罚，这是我国对投资者权益的主要救济手段。然而，这种处罚机制存在一定的局限性，即基金管理人可能通过各种手段规避证监会的处罚，从而逃避应负的责任。这种现象在法律层面上不利于保护投资者利益，还可能进一步阻碍基金市场的良性发展，影响市场的公平性。当私募基金管理人的违规行为严重到足以扰乱社会经济秩序时，他们将面临更为严厉的刑事责任追究。在资本市场的运作中，投资活动的目标始终是实现收益最大化。然而，市场的不确定性和投资决策的复杂性意味着投资并非总是一帆风顺，一旦投资决策失误或遭遇市场波动，投资者可能会面临巨大的经济损失，这些损失往往难以挽回，对投资者的财务状况造成严重冲击。对于投资者而言，对私募基金管理人施以刑事处罚并不能直接弥补投资者已经遭受的经济损失。鉴于此，明确规定私募基金管理人需承担的损失补偿责任、恢复原状责任等法定义务显得尤为关键。同时，要赋予投资者相应的禁止请求权，从而在一定程度上保护投资者免受更大的损失。

五、我国私募基金管理人义务制度的完善

在我国现行的法律法规体系中，关于私募基金管理人的义务规定仍然存在一些不足之处，这些不足之处对私募基金行业的健康发展构成了潜在的威胁。因此，迫切需要对这些不足进行弥补。在这一过程中，我们可以深入研究和借鉴国际上先进的私募基金管理人义务制度，同时结合情境主义的理念，提出一系列具有针对性的法律建议。

（一）对我国私募基金管理人义务单独立法

鉴于目前我国私募基金管理人义务立法的现状，首要任务是完善并整合现有法律体系中的相关条款，以确保义务规定的统一性和明确性。此外，我们还需要系统地梳理基金管理人的义务体系，消除立法冗余，避免重复规定。为了进一步规范私募基金行业的健康发展，应制定一部专门针对私募基金管理人义务的法律法规，这部法规应当详细规定管理人的各项义务，包括忠实义务、勤勉义务及其他相关义务，以确保私募基金管理人在履行职责时有明确的法律依据和行为准则。同时，我们应当积极借鉴美国在私募基金管理领域的法律实践经验，通过制定专门的法律法规，进一步强化私募基金管理人的义务，从而为私募基金市场的健康有序发展提供坚实的法治保障。

笔者认为，对私募基金管理人的监管应当采取更为严格的态度，在制定监管政策时，不能简单地将私募基金与公募基金混为一谈，因为两者在运作模式、投资策略及投资者群体等方面存在本质的区别。特别是私募基金，其在义务设定方面更强调风险分担的平衡性，

以保护投资者的利益并维护金融市场的稳定。当前，我国在私募基金领域的立法工作虽然已经取得了一定的进展，但仍有待进一步完善。在完善私募基金管理人的义务内容时，我们必须深入考量私募基金管理人具有的独特属性，并以此为基础，系统地整合并明确其具体的法律义务。这一过程应当在《信托法》所确立的忠实、勤勉及其他相关义务的宏观框架下进行，确保能够清晰区分私募基金管理人与其他信托基金管理人在义务承担上的具体差异。通过这样的区分与界定，我们可以更深入地理解私募基金管理人义务的独特性质，进而增强其法律义务在形式与内容上的完整性。

（二）我国私募基金管理人义务内容的完善

1. 完善私募基金管理人忠实义务的具体内容

（1）明确私募基金管理人忠实义务的概念

我国的法条中已经出现了有关忠实义务的内容，然而，这些内容并没有形成一个具体的内容体系，其分散于各类关于基金管理人管理的法律规范之中。私募基金是一种源自国外的投资方式，在我国仍处于起步阶段。对于私募基金管理人的忠实义务问题，我们可以借鉴和吸收国际市场上成熟的经验与做法，并结合我国的具体国情，在现行的法律法规中明确地引入并定义私募基金管理人忠实义务的概念，详细阐述其内涵，明确其在法律体系中的地位和作用。这样的举措不仅有助于清晰地区分诚实信用原则与忠实义务之间的差异，而且能够进一步揭示私募基金管理人义务所具有的独特性质。

（2）明确私募基金管理人忠实义务的具体内容

为明确私募基金管理人忠实义务的具体内容，应当全面审视私募基金管理人的本质属性及其运作机制。基于此，笔者认为，明确私募基金管理人的忠实义务，至少需涉及以下几个维度：首先，需明确私募基金管理人的基本定位，即作为基金的管理者，其角色本质决定了其必须在投资运作的过程中严格遵循相关法律法规及与投资者之间的约定条款。其次，私募基金管理人在经营私募基金的过程中，必须充分考虑并尊重与投资者约定的合同条款，明确各自的权利与责任。任何违背合同约定的行为，无论是由于疏忽还是故意，均应被视为违反忠实义务的行为。最后，私募基金管理人应当具备一定的法律意识，能够主动识别和防范潜在的法律风险，确保其管理活动不仅符合合同的要求，也符合法律法规的规定。当投资者的预期或行为存在违法内容时，私募基金管理人有责任引导其回归合法合规的轨道。

①完善关联交易的内容

美国的法律体系对于自我交易的规定十分具体，其将自我交易与关联交易视为本质相同的概念，并通过立法的方式，逐项列举了自我交易的具体内容。日本法律对于关联交易的规定尤为详尽，其构建了一套完整的法律体系来规范这类交易。我国《信托法》中也包含了大量关于关联交易的法律规定。鉴于此，为了进一步完善我国私募基金管理人义务的法律规范，我们有必要对关联交易的法律条款进行细化，以确保法律条文的明确性、全面性和可执行性。

在处理关联交易的问题时，我们必须将其置于情境主义的框架内进行考量。任何关于私募基金管理人与投资者之间进行的交易，都应当严格遵循双方事先约定的内容，并确保这些交易行为真正符合投资者的利益。在这一过程中，私募基金管理人有责任向投资者提供全面、透明的信息，只有在投资者对交易内容有了充分了解之后，私募基金管理人才能作为交易方与投资者持有的基金份额进行交易。

我国《私募投资基金监督管理暂行办法》第二十二条中提到了“建立防范利益输送和利益冲突的机制”。在关联交易中应有此项规定，因为尽管从表面上看，投资者在某些关联交易中似乎也是受益方，但实际情况可能远比表象复杂，私募基金管理人有可能在交易过程中凭借其在专业知识和市场信息了解程度方面的优势获得额外的、不为投资者所知的利益。法律条文必须对此类情况作出明确的规定，指出即便投资者在交易中获得了利益，私募基金管理人利用其职务之便，通过关联交易谋取私利的行为也是不被允许的。《私募投资基金监督管理暂行办法》是我国专门对私募基金运作进行规范的法规。值得注意的是，在这部法规中，并没有对私募基金在投资过程中可能发生的关联交易行为作出明确的规定。私募基金投资涉及的资金规模是相当庞大的，运作这些资金需要高度专业化的知识和投资技能，正因如此，在私募基金的运作过程中很容易出现关联交易。在这种背景下，为了确保私募基金市场的健康稳定发展，同时保障投资者的合法权益，迫切需要在法律条文中对私募基金关联交易的相关内容进行明确规定。

②确定私募基金管理人合理的收费方式

现如今，国际上通用的私募基金收费方式为：私募基金管理公司收取基金规模2%左右的管理费和投资收益部分的20%作为佣金收入。基金池的规模与私募基金管理人的预期收益之间存在着密切的关联，具体而言，基金池的规模与私募基金管理人的收益呈现正比关系。私募基金是一种高风险与高回报并存的投资方式，但私募基金管理人在此类投资中享有固定的、不受投资结果影响的收益，即标的额2%的固定收益，这意味着，即便投资者未能成功实现投资目标，只要私募基金管理人未违反合同义务，其就不会面对任何投资风险。相比之下，投资者一旦投资失败，可能面临资金全额损失的风险，这一现实情况显然对投资者有失公平。因此，私募基金管理人应根据投资的成败来调整其基础佣金，以确保投资者与私募基金管理人之间的利益平衡。具体而言，在投资成功的情况下，私募基金管理人可维持现行的2%基础佣金，并在此基础上根据业绩增加额外提成，反之，在投资失败的情况下，可降低私募基金管理人的基础佣金，以减轻投资者的负担，促进私募基金管理人与投资者之间公平交易。

2. 完善私募基金管理人勤勉义务的具体内容

（1）明确私募基金管理人勤勉义务的概念

在我国现行的法律条文中，“勤勉义务”得到了一定程度的体现，但其应用主要停留在较为宏观的层面，法律仅规定私募基金管理人应当履行勤勉义务，而未对勤勉义务的具体内容进行阐释。为了更好地规范私募基金管理人的行为，确保其在管理私募基金的过程中能够严格遵守勤勉义务，我们有必要在法律条文中明确勤勉义务的定义，为勤勉义务的具体履行方式提供更为详尽的说明，形成一套内容完备、逻辑严密的勤勉义务规范体系。

（2）明确私募基金管理人勤勉义务的具体内容

我国对私募基金管理人勤勉义务的规定可以借鉴美国立法经验，直接在法条中对其进行定义并阐明其具体内容。

私募基金管理人在投资决策的每个环节及后续的监察与审查阶段，都必须遵守勤勉义务，此义务贯穿私募基金运作的全过程，是保障基金稳健运行的重要基础。在评估私募基金管理人是否履行了勤勉义务时，应当采取主客观相结合的标准，即既要考察其实质性贡献，如投资决策的合理性、监察审查的有效性等，又要关注其程序性操作的合规性。私募基金管理人作为信托财产的管理者，必须在客观和主观两个层面上展现出高度的责任感和专业能力。私募基金管理人必须严格遵循客观标准，将自己视为一个投资者，确保每项投资决策都经过深思熟虑，符合信托财产的长期利益。私募基金管理人应当充分考虑信托的目的，以确保投资策略能够平衡风险与回报，满足投资者的需求。在主观层面，私募基金管理人应展现出高度的自律精神，并具备一定的专业能力，以确保自身的投资决策能够充分满足谨慎投资义务的要求。

私募基金盈利机会的偶然性和时效性极为显著，获利机会往往稍纵即逝。在私募基金投资运作中，私募基金管理人必须具备敏锐的市场洞察力和迅速的反应能力，避免因过分保守而未能及时把握市场动向，进而错失商机。私募基金管理人在践行勤勉义务的过程中，应全面评估投资方向，并高度重视投资决策的效率与及时性。

随着经济的持续发展和社会分工的日益复杂化，基金管理的专业化程度在不断提升，私募基金管理人在履行职责时面临的挑战也在不断增多，我国法律对私募基金管理人的亲自履行管理义务有明确而严格的规定。在《信托法》及《私募投资基金监督管理暂行办法》等法律法规中，明确要求基金管理人需亲自处理受托事务。但是在现实的基金管理实践中，基金管理人有时会遇到一些复杂或特殊的情况，这些情况可能超出了他们的专业范围，使得他们无法独立完成任务。在这种情况下，为了确保基金管理的高效性和受托事务的顺利完成，同时保障投资者的利益不受损害，法律法规应当允许私募基金管理人在遵守相关程序的前提下将部分职责委托给其他具有相应资质的个人或机构，以便更好地履行管理职责。

确保私募基金管理人履行忠实义务与勤勉义务是维护市场秩序和保护投资者权益的关键所在，这一目标的实现需要通过加强立法和健全相关法律法规来实现，同时也要重视私募基金管理人的职业道德建设。立法的目的不应局限于规定如何约束私募基金管理人的行为，更应该从道德层面出发，深入考虑如何从根本上培养私募基金管理人的忠实与勤勉精神，从而有效保护投资者的合法权益。因此，在制定有关忠实义务和勤勉义务的法律法规时，必须明确强调职业操守的重要性，并要求私募基金管理人严格遵守职业道德规范。

（三）我国私募基金管理人违反义务救济机制的完善

1. 赋予投资者直接面向私募基金管理人的禁止请求权

在美国和日本的法律体系中，投资者被赋予了有权要求基金管理人停止执行某些特定行为的权利，以此来保障自己的合法权益不受侵害。私募基金投资者通常具备较强的资金实力、较高的风险承受能力及丰富的投资经验。这些投资者通常会通过市场分析、风险评估及对私募基金管理人过往行为的分析来识别潜在的风险点，他们往往能够更加敏锐地察觉私募基金管理人的不良动机与不当行为。当投资者发现基金管理人存在侵害其合法权益的行为或企图时，他们应能够直接要求基金管理人立即停止该行为或消除该企图。由此可见，禁止请求权能够保护投资者的合法权益，维护投资市场的公平与公正。

2. 明确私募基金管理人民事责任

在我国，私募基金管理人的监管体系主要依赖于行政监管和处罚机制，随着市场环境的不断变化，这样的监管方式已经难以满足市场的多元化需求。对私募基金管理人的法律监督应当具有全面性，不应仅仅局限于行政法的范畴。当前，私募基金行业面临着诸多新的挑战和机遇，必须对监管体系进行相应的转型和升级，以更好地保护投资者的合法权益，促进资本市场的健康发展。行政管理指的是国家对私募基金管理人的监管与规范，这种监管与规范必须借助一系列行政法规和政策来实施，目的是确保私募基金管理人严格遵守法律法规，忠实履行其职责和义务。为全面保障投资者权益，我们必须深入探讨投资者与私募基金管理人之间的权益平衡问题，最好是从民事立法方面解决这一问题。

对于私募基金管理人违反应尽义务并获取不当收益的情形，美国与日本均作出了明确规定并确定了针对投资者的救济措施。美国主要通过追踪权制度保护投资者权益，日本通过损失填补规则和恢复原状的相关规定弥补投资者的损失。我国在处理此类行为时，规定私募基金管理人通过恢复原状或者赔偿损失的方式，对其违反义务的行为承担责任。然而，值得注意的是，虽然单一的赔偿方式能够在一定程度上保障投资者的经济利益，但这种做法只能够让私募基金管理人退还其非法获得的资金，不足以引起其充分重视。法律的宗旨在于维护公平正义，而非无端增加私募基金管理人的赔偿责任。然而，法律也必须确保投资者的合法收益不受侵犯。在处理涉及投资恢复原状的案件时，人们往往忽视了投资行为的预期利益，这种忽视可能导致投资者的合法权益无法得到全面的保障。因此，对于私募基金管理人的民事责任，我们不能仅仅局限于恢复原状或赔偿损失这两种单一的救济方式。相反，应当根据案件的具体情况确定最合适的救济措施。

3. 增强私募基金管理人的可诉性

在我国，尽管法律已经明确规定了私募基金管理人的义务和责任，但在司法实践中，由于私募基金管理人的可诉性不足，投资者在面对私募基金管理人的违法行为时，常常难以通过司法途径获得有效救济。这种状况导致一些私募基金管理人在履行义务时不顾法律规范，法律无法充分保障投资者的合法权益。因此，为了更好地保护投资者的合法权益，我们可以从以下两个方面着手：一是理解和应用相关法律条文，二是建立和完善法律援助体系。首先，我们可以对我国的法律条文进行修订，以更加明确地界定私募基金管理人在何种具体情形下可以被起诉。其次，建立完善的法律援助机制，维护投资者的合法权益。

我国的《信托法》《私募投资基金监督管理条例》中的法律条款展现出了一定的笼统性与重复性。具体而言，这些法律条款中缺少对忠实义务、勤勉义务概念的具体阐述，条文表述模糊。在监管机制上，当前法律体系对私募基金管理人的责任监督以行政手段为主，而在民事责任方面显得相对薄弱。此外，针对私募基金管理人的民事责任条款处罚力度偏轻，难以形成有效的震慑作用；同时，关于投资者损失的具体计算方式缺乏明确规定，导致在实践中难以准确衡量与补偿投资者所遭受的损失。为有效解决上述问题，我们应当从情境主义理论出发，借鉴国外先进的法律规定与实践经验，整合并统一私募基金管理人的各项义务，明确界定私募基金管理人相关义务的具体概念。随后，应进一步细化法律条文中关于私募基金管理人违反其义务时的救济措施，确保这些措施既具有针对性又具备可操作性。

第五节　私募基金托管人义务

私募基金托管是指商业银行或者券商接受管理人的委托，代表持有人的利益，保管基金资产，监督管理人投资运作。托管人独立开设基金账户，依据管理人指令进行清算与交割，保管基金资产，在有关制度和基金契约规定的范围内对基金业务运作进行监督，并收取一定的托管费。

私募基金托管人制度最早起源于美国，通过出台《投资顾问法》明确规定基金必须由托管人托管，以防范内部纷争和决策困境，保护投资者利益。我国从 1998 年工商银行成为首家托管银行开始，便将托管人制度逐步引入了私募基金中，日益推进私募基金规范化改革。

一、私募基金托管人产生的原因

（一）财富管理的中介化与专业化趋势

现代经济社会的发展呈现出明显的专业化趋势，专业化分工既能够显著提升工作效率，又能够有效降低运营成本，还能够极大地提升市场竞争力。在基金行业，管理人与托管人之间的明确职责划分就充分体现了这种专业化趋势。基金管理人是基金投资运作的核心角色，他们运用专业的投资研究能力对市场动态进行深入分析，结合精准的市场判断，制定出符合市场趋势的投资策略。同时，基金管理人还具备出色的风险控制能力，能够在快速变化的市场环境中及时识别和应对潜在风险，确保基金资产的安全。在基金资产的保管、清算、估值等后台操作中，托管人发挥着至关重要的作用。托管人通过运用先进的信息技术系统确保基金资产的安全，通过严密的内部控制机制对每项操作进行审查和监控，确保流程的合规性和资产的完整性。这种明确的职责分工不仅能提高基金运作的整体效率，还能有效降低因操作不当而产生的风险，从而为基金的稳健运营提供了坚实的保障。

（二）基金管理人与投资人的利益存在冲突

20 世纪 20 年代末至 20 世纪 30 年代初，全球基金业的总体产值显著下滑对美国基金业造成了严重的影响，给其带来了重大的经济损失。鉴于此，新成立的美国证券交易委员会迅速采取行动，对此进行了全面的调查。经过审查与分析，委员会得出了以下结论：投资公司遭受重大损失的根源在于管理层不当行使权力。具体而言，部分基金管理人将基金视为个人的附属工具，利用其在管理层的职务之便肆意侵害投资者的合法权益，以谋取个人私利。

基金是一种典型的所有权与经营权相分离的投资模式，在这种模式下，基金管理人作为代理人，能够代表投资者的利益行使决策权。基金管理人通常拥有专业的投资知识和经验，他们负责根据市场情况和投资策略对基金资产进行配置和调整，以期达到最佳的投资效果。然而，在基金的运营与管理过程中，由于基金管理人拥有更为显著的信息优势与专业优势，他们通常能够及时获取市场动态、财务报告和行业趋势等关键信息，而这些信息对于普通投资者而言获取难度较大。尽管投资者拥有对基金管理人的监督权利，但由于投资者缺乏必要的专业知识，加之其接触不到基金运营的内核，因此投资者难以有效行使监督权。

美国为了降低基金管理人的道德风险，保障投资安全，提高投资者积极性，制定通过了《1940 年投资公司法》，创设了现代意义上的基金资产独立存管机制。基金托管发展史也证明了基金托管人对打破基金管理人与投资者之间关系的困境是有效的。

（三）托管人具有信用补充与权利制衡的作用

基金管理人在资金的运营管理中通常具有较大的权限，这种权限的集中会带来一定的风险，尤其是道德风险，引入托管人制度能够有效防范和降低这种风险。托管人通常由独立的第三方金融机构担任，其主要职责是保管基金财产，确保基金资产的安全性和流动性。通过托管人的介入，基金财产的所有权、保管权、处分权和执行权被明确分离，形成了有效的风险隔离机制，这种分离能够防止基金管理人滥用职权，还能够在基金管理人和托管人之间形成相互监督和制衡的机制。商业银行凭借其强大的资金实力和良好的商业信誉赢得了民众的广泛信赖。在金融市场上，商业银行作为重要的金融机构，在资金管理方面具有显著优势，而且在风险控制和资产保值增值方面也积累了丰富的经验。因此，在设立基金之初，为吸引投资者并增强可信任度，通常会将商业银行作为基金资产的保管机构。

在此之前，商业银行已经开设了传统的保管业务，而基金中的资金是用来投资运作的，是动态的。银行在根据基金管理人的投资指令划拨资金时，需要对投资指令进行核查，这可以在一定程度上起到监督基金管理人的作用，并且具有紧随基金管理人行动的特点。随着实践的发展与现实的需求，基金托管人的职能逐渐从最基础的仅需妥善保管基金资产扩展到包括审核基金管理人的投资指令、核算资产、履行信息披露等一系列的监督职能，新增了监督管理人的职能。一时间，基金托管人被誉为“基金安全的守护神”。

将基金存入商业银行，以此来提高其商业信誉，虽然这种做法可以在一定程度上增强投资者的信心，但并不能有效地预防基金管理人的道德风险，而商业银行在实践中逐渐发展出的新职能进一步促进了基金托管人的产生与发展。

二、私募基金托管人义务的主要内容

我国在引入基金之初，就赋予了基金托管人保管义务和监督义务。

（一）保管义务

1. 保管义务的界定

根据《证券投资基金法》及相关法规的规定，私募基金托管人的保管义务主要包括对基金财产的保管、开设并管理基金相关账户、分别设置账户以确保资产独立、妥善保存与基金运作相关的所有资料，以及负责基金的清算交割等关键环节。这些义务不仅是私募基金托管人必须履行的法定义务，更是其专业性和职业操守的重要体现。

2. 保管义务的具体内容

（1）安全保管基金全部资产

在私募基金的运作体系中，私募基金托管人扮演着不可或缺的角色，他们负责确保基金资产的安全性。私募基金托管人必须建立专门的基金托管部门和内部控制机制，并采用尖端的信息技术系统，以保障基金资产的物理和信息安全。此外，私募基金托管人还需定期进行基金资产的盘点和核对工作，有效防止资产的损失和非法挪用。

（2）开设并管理基金相关账户

私募基金托管机构必须为所托管的每一只基金单独设立资金账户、证券账户及其他与投资交易所相关的账户。这些账户的建立是为了确保基金资产得到妥善的管理，保障基金资产的独立性和完整性。在这些账户中，无论是资金还是证券，都只能用于对应基金的投资交易和资金划转，严禁任何形式的混用或挪用行为，以防止基金资产流失。此外，托管机构还承担着对这些账户的日常管理和维护职责，包括对账户资金流动进行实时监控及对账户信息进行及时更新。

（3）执行投资指令与资金清算

私募基金托管人需执行基金管理人的投资指令，并严格遵守法律法规和基金合同的约定对每一项投资指令进行审查，以确保指令的合法性和合规性。此外，私募基金托管人还肩负着基金会计核算和估值的责任，他们需要对基金管理人计算的基金资产净值进行定期复核，对基金份额的申购和赎回价格进行核对。

（二）监督义务

1. 监督义务的界定

私募基金托管人的监督义务是确保基金运作合法合规、保护投资者权益的重要环节，其主要依据《证券投资基金法》及相关法律法规进行界定。私募基金托管人不仅需要安全保管基金资产，还需要对基金管理人的投资行为进行必要的监督，以防范违法违规操作。

我国《证券投资基金法》对托管人监督职责范围的规定比较宏观，需要根据司法实践现状及比较法规定将托管人的监督职责具体化。因公募基金是向大众公开募集资金的，法律已经确认了其监督义务的强制性，不可以在基金合同中约定限缩公募基金托管人的监督义务。私募基金不涉及公共利益，其托管人监督义务是否具有强制性尚不能确定。因此，私募基金当事人在基金合同中约定适当的限缩基金托管人的监督义务是可行的，但是信托毕竟不同于合同，私募基金托管人作为信托受托人，其义务不得自由免除，基金合同应当保留私募基金托管人的诚实行事原则。

2. 监督义务的具体内容

根据现行法律的规定，在基金的“募集—投资—管理—退出”的过程中，私募基金托管人的监督义务集中在“投资”与“管理”两个阶段。

（1）对投资指令的监督

在基金的投资过程中，基金托管人最核心的职责就是监督基金管理人的投资决策，这在各个国家和组织的法律规范中都有所体现。例如：国际证券事务监察委员会组织（以下简称“国际证监会”）出台规定要求托管人对基金管理人的投资指令是否合规进行审查。此规定暗含了基金托管人需要对基金管理人的投资指令进行审查的要求。除了国际组织，世界上许多国家的基金法也对此作出了规定。例如：英国的相关文件中规定，存管人如果认为基金管理人的投资指令违反交易规则，可以取消交易。采取“二元契约”结构模式的德国法律规定保管人在履行职责时仅代表基金份额持有人的利益，如果基金管理人的投资指令违反法律规定或合同约定，保管人可以不履行。

我国在引入投资基金时已经注意到了这一点，规定基金托管人应当对投资指令所记载的用途进行审查，审查其是否符合法律规定与基金合同的约定。如果存在不符合法律规定与基金合同约定的情形，应当拒绝执行，并履行通知报告程序。对于投资指令的投资领域、投资期限、投资产品类型等与基金管理人的专业知识相关的内容，基金托管人无须对其合理性进行审查。

基金托管人必须采取严谨的态度对基金管理人发出的投资指令进行合法性审查，现行的规范性文件对基金管理人的投资行为设定了明确的禁止和限制性规定。托管人必须确保管理人的投资决策严格遵守这些规定，避免触犯法律红线。基金托管人还承担着审查基金合同约定限制的责任。在基金的实际运作过程中，基金合同通常会设定一系列的投资限制条款，如对投资高风险产品比例进行限制，以降低潜在的投资风险。此外，为了防止基金管理人非法挪用资金，需要对基金管理人与投资对象公司之间是否存在关联关系进行审查。在实践中，有些基金管理人为了挪用资金，指定自己的关联公司或者专门注册一个“空壳公司”为投资对象，在基金托管人依据投资指令将资金划拨到投资对象公司后，基金管理人就实际控制了基金资产。为了避免此种情况的发生，基金托管人应当对投资对象公司进行适当的审查，除了对投资对象公司的信息资料进行查阅、审阅，还需要实地考察投资对象公司是否具备相应的工作人员、场地及生产运营能力等。若在考察过程中发现投资对象公司没有相应的工作人员、没有固定的办公地点、明显不具备生产经营能力，基金托管人应当拒绝执行投资指令，并要求解除委托合同。如果管理人的投资指令不违反法律规定与合同约定，基金托管人也对投资对象公司尽到了适当的审查义务，那么在基金资产划拨到投资对象公司后被挪用或投资项目出现了难以预测的市场风险时，因基金资产已经脱离了托管人的实际控制，托管人客观上难以履行监管职责，且对投资项目投资风险的考量不属于基金托管人的职责，此时投资者遭受损失的，托管人不承担赔偿责任。

（2）对净值评估的监督

《证券投资基金法》规定，基金管理人需定期对基金资产净值及基金份额净值进行评估，并将结果以书面的形式报送给基金托管人，托管人需对评估报告进行审查，审查无误后，要在签章后返还给基金管理人，如果发现有误则应当履行报告、通知程序。选定估值方法后进行计算的过程比较固定化，所以实践中关于基金托管人监督基金份额评估的争议主要在于评估方法的选择是否属于其监督的范畴。就此问题，一些国家和组织的现行规范作出了规定。国际证监会明确要求基金托管人监督基金的单位估值。欧盟可转让证券集合投资计划则强调，存管人需要确保其计算是按照法律规定与组织性文件进行的，后来又将该指令细化，规定存管人应当确保评估的真实有效。如果存管人觉得基金管理人评估的计算违反相关规定时，应当通知基金管理人并及时采取补救措施以维护投资者最大利益。我国的国内法规定了基金托管人与管理人应当按照有关规定估值核算，定期评估各类金融工具的估值方法。从该规定可知基金托管人具有复核估值方法是否合法、合约的能力。因此，为使基金投资者的利益最大化，基金托管人应当对基金份额估值方法是否合法、合约进行审核。

（3）对申购赎回的监督

我国《证券投资基金法》规定了托管人监督基金份额的申购与赎回义务，即基金托管人需要对申购与赎回的价格进行核查，《资管新规》也未要求基金托管人履行核查基金份额的申购与赎回价格以外的职责。在司法裁判中法官多判定托管人无须对申购与赎回的程序进行监督。例如，华南国际仲裁院曾指出，《证券投资基金法》仅要求基金托管人对基金份额申购与赎回的价格进行监督，未规定其他职责，且合同也未对此作出约定。基金托管人的监督职责以法律规定和合同约定为限，基金合同未作出约定的，托管人无须进行监督。

对此，笔者认为基于投资者利益最大化原则与信托法理，应当将对基金申购与赎回数量及申购与赎回程序的监督纳入基金托管人的职责当中。首先，对基金份额申购、赎回的数量及程序进行监督尤为重要。如果基金托管人无须对其是否符合规定或约定进行监督，基金管理人有可能会产生如“挪用基金财产”等道德风险。其次，基金托管人肩负着对基金申购与赎回价格进行复核的重要职责，他们需要对申购与赎回的数额、程序及其他关键事项进行全面审查，确保基金运作的高度透明度和严格的合规性。一些域外法律体系，如欧盟关于可转让证券集合投资计划的规定，也对存管人的职责提出了明确的要求，根据规定，存管人应当对基金份额申购与赎回的数量和程序进行核查，以确保基金份额的申购与赎回过程符合当地法律法规的要求，同时也严格遵循组织性文件所设定的标准。

（4）对收益分配的监督

在基金投后管理的众多环节中，收益与分配占据着至关重要的地位，这一环节直接关系到投资者的回报，然而在这一环节中，投资者的利益往往最容易受到侵害。因此，基金托管人肩负着至关重要的职责，即对基金收益分配的结果与程序进行严格审查。基金托管人在审查的过程中一旦发现问题，应当及时地履行通知、报告程序，此项义务已经在各个国家、组织的法律中有所体现。欧盟可转让证券集合投资计划实施条例规定，基金存管人应当确保基金管理人的收入计算方法合法合规、利润支付符合完整性与准确性的要求。为保护基金投资者的利益最大化，基金存管人在审查过程中认为管理人的计算方法存在问题时，应当及时通知基金管理人并确保其及时采取补救措施。我国的国内法也对基金托管人定期审查收益分配的职责作出了规定。

（5）对信息披露报告的监督

我国现行规范明确指出基金托管人需要对基金管理人制作的信息披露文件进行审核。对基金管理人信息披露的监督在实践中效果不佳，原因是基金托管人经常以托管费过少为由，未对披露信息进行实际审核。由于基金托管人在对管理人的信息披露报告进行审查后会出具一个审核意见书，在出现信息披露报告存在不符合法律规定的内容或者属于虚假陈述时，权利受到损害的投资者可以根据托管人出具的复核报告要求其承担赔偿责任，证监会也会据此对未履行监督职责的托管人作出行政处罚。

除此之外，基金托管人还需要对自己履行托管职责的信息进行披露，托管人信息披露的方式是制作托管报告。内容应当包括基金财产的保管情况、托管人履行监督职责的情况。

（6）召集基金份额持有人大会

基金管理人具有召集基金份额持有人大会的职责。但托管人履行该项监督职责有一个前提，即基金份额持有人大会的日常机构、基金管理人都无法召集时才需要基金托管人召开。给予基金托管人此项职责是为了避免在基金管理人的实际控制人失联时无人召集大会，使得基金份额持有人的权利无法得到保障。基金管理人的实际控制人失联意味着基金投资者的利益很有可能已经受到了侵害，此时基金的投资无人运营，基金资产安全无法得到保障。基金托管人应当承担起该义务，维护投资者的合法权益。设置基金托管人履行职责的前提条件，不会过分加重托管人的负担，也可以有效地保护投资者的利益。

三、私募基金托管人义务履行不当时的责任承担

当私募基金托管人未能履行上述职责和义务时，其可能承担以下责任。

（一）民事责任

1. 损害赔偿责任

《证券投资基金法》第一百四十六条规定，托管人违反本法规定，给基金财产、基金份额持有人或者投资人造成损害的，依法承担赔偿责任。具体而言，托管人若因未履行投资监督义务、未妥善保管基金资产等原因导致投资人损失的，应承担相应的损害赔偿责任。

2. 连带赔偿责任

托管人因与管理人的共同行为给基金财产或基金份额持有人造成损害的，托管人应承担连带赔偿责任。

（二）行政责任

《证券投资基金法》第三十九条规定，基金托管人不再具备本法规定的条件，或者未能勤勉尽责，在履行本法规定的职责时存在重大失误的，国务院证券监督管理机构、国务院银行业监督管理机构可以对其采取责令改正、限制业务活动、暂停办理新的基金托管业务、更换负有责任的专门基金托管部门的高级管理人员等措施。

（三）刑事责任

在一些特殊情况下，若托管人的关联责任主体事先已明确知晓管理人正从事非法吸收公众存款或集资诈骗活动，且非但不予阻止，反而提供协助或从中非法牟利，那么相关人员可能被判处非法吸收公众存款罪或作为集资诈骗罪的共犯依法承担相应的刑事责任。

四、私募基金托管人义务履行的完善路径

私募基金托管人义务履行的完善路径，可以从以下几个方面进行考虑和实施。

（一）明确并强化私募基金托管人职责

1. 细化法律法规

私募基金托管人的职责应在相关法律法规中进一步细化和明确，确保私募基金托管人能够清晰了解自己的职责范围，从而更有效地履行义务。例如，可以借鉴《证券投资基金法》《私募投资基金监督管理条例》等相关规定，对私募基金托管人的具体职责进行详尽阐述。

2. 加强监督与指导

监管机构应加强对私募基金托管人的监督和指导，确保其按照法律法规和托管协议的要求履行职责。同时，可以定期举办培训活动，提升私募基金托管人的专业素养和业务能力。

（二）提升私募基金托管人专业能力

1. 增强风险识别与防控能力

私募基金托管人应不断提升自身的风险识别与防控能力，对私募基金的投资运作进行全方位、多角度的监督，及时发现并报告潜在风险。

2. 优化清算交割流程

私募基金托管人应优化清算交割流程，确保资金划转、证券交割等环节的准确性和及时性，降低操作风险。

（三）完善内部管理制度

1. 建立健全内部控制制度

私募基金托管人应建立健全内部控制制度，包括风险评估、内部控制、信息披露等制度，确保各项业务的合规性和稳健性。

2. 加强信息化建设

托管机构应当加强信息化建设，充分运用现代信息技术工具，以提升业务处理效率及风险管理能力。具体而言，应构建高效的托管系统，确保对私募基金投资运作的过程进行实时、精确的监控，并依托数据分析技术优化风险管理决策。

（四）强化责任追究机制

1. 明确法律责任

法律法规应明确私募基金托管人未履行或未正确履行职责的法律责任，包括行政责任、民事责任甚至刑事责任，以形成有效的震慑作用。

2. 加大处罚力度

监管机构应加大对违法违规行为的处罚力度，对未履行或未正确履行职责的私募基金托管人进行严厉处罚，以维护市场秩序和保护投资者的合法权益。

综上所述，私募基金托管人义务履行的完善路径需要从明确职责、提升专业能力、完善内部管理制度、强化责任追究机制等方面入手。只有这样，才能全面提升私募基金托管人的业务水平和风险管理能力，为私募基金行业的规范健康发展提供有力保障。

第三章　私募股权投资基金的投资管理

私募股权投资基金通过独特的运作模式和强大的资本整合能力，在资本市场中扮演着至关重要的角色，其能够为企业提供必要的资金支持，帮助企业扩大生产规模、提升技术水平，还能够通过专业的投资管理为企业带来先进的管理经验和技术，从而提高企业的整体竞争力。在这一系列经济活动中，投资管理是确保私募股权基金取得成功的重要环节。本章为私募股权投资基金的投资管理，主要介绍了三个方面的内容，依次是投资项目来源与初步审查、投资尽职调查与价值评估、投资项目管理。

第一节　投资项目来源与项目初步审查

私募股权投资基金是一种重要的资本运作方式，拥有多元化的投资项目来源，初步审查在保证投资项目的质量和降低潜在的投资风险方面发挥着重要作用。为了确保投资的精准性和有效性，私募股权投资基金通常会构建一套项目筛选机制。通过这一筛选机制，能够有效识别出具有显著增长潜力的企业，从而为投资者带来更为可观的回报。

一、投资项目来源

私募股权投资基金的首要投资策略是寻找具有高成长潜力的优质投资项目，内部管理团队、外部中介机构和投融资交流会等是优质投资项目的主要来源渠道。近年来，地方政府在推动本地股权投资市场发展方面发挥了积极作用，其通过设立引导基金、组织路演活动、吸引基金企业入驻等多元化措施，为私募股权投资基金提供了丰富的项目资源，不仅为本地企业与资本市场之间的对接提供了便利，还通过政策支持和资源整合，促进了本地经济的转型升级和创新发展。

（一）个人人脉资源

私募股权投资基金管理人员往往有比较广泛的社会资源和人际网络，他们可以通过这些人脉资源不断地获取可以投资的项目信息。另外，基金投资者（LP）多来源于特定产业或行业领域，他们在本行业内有诸多的合作伙伴和竞争对手，了解本行业内的发展信息，因而也可以向基金管理者提供投资项目信息。一些研究机构的行业分析报告和公开媒体报告也可能隐藏着投资项目信息，需要基金管理人员在日常工作中多加注意，寻找可能的投资机会。

（二）业务合作伙伴

在当前的经济活动中，律师事务所、商业银行、证券公司、会计师事务所、行业协会及媒体等机构因其独特的业务特性经常与各类企业进行业务往来，这些机构在全国范围内设有众多分支机构，并拥有庞大的客户基础，这使得它们在日常运营中能够接触到大量具有潜在价值的投资项目信息。为了拓展业务，这些机构经常与私募股权投资基金建立紧密的合作关系。同时，许多人也在扮演着“天使中介”的角色，他们利用自己积累的社会人脉资源向潜在的投资者推荐具有巨大潜力的投资项目。

（三）专门的中介服务机构

私募股权投资行业的发展及金融创新的不断涌现使得市场上出现了一批专门为私募股权投资提供服务的中介服务机构。这些机构广泛地收集和筛选投资项目信息，致力于为基金投资者和寻求资金的企业之间搭建桥梁，从而促进双方的对接与合作。

（四）投融资交流会及行业会议

投融资交流会及行业会议是项目来源的渠道之一，特别是一些政府部门会经常举行投资洽谈会、中小企业融资对接会议等。私募股权投资机构也可以主动或由第三方咨询机构发起投资见面会，将具有融资需求的企业和项目聚在一起，通过座谈、交流等方式收集投资项目信息。私募股权投资机构也可以参与一些由行业组织发起的投融资洽谈会，这些投洽会也都是收集项目信息的重要渠道。此外，一些行业内的研讨会、展览会等，也可能会存在一些比较好的投资项目，投资者可以在这些会议上挖掘可能的项目。在这些会议上获取项目时需要注意的是，如果能够获得会上的主题发言，对本机构的投资特点进行介绍及展示管理团队的专业水平，则能够更好地吸引投资需求方与合作者。

二、项目初步审查

在投资领域，投资机构通常会接触到数量庞大的项目信息。这些信息来源广泛、形式多样，然而并非所有信息都具有实际价值，也并非所有项目都符合投资机构的投资策略和偏好。因此，投资机构必须运用其专业知识和经验，对这些信息进行分析和评估，以挖掘出具有潜在投资价值的项目。在筛选过程中，投资机构会特别关注那些通过商业计划书和项目可行性报告等正式渠道传递的项目信息。投资机构在收到这些文件后，会组织专业团队对其进行初步的甄别和筛选。在初步筛选的过程中，投资经理首先会对项目的行业归属、规模大小及所处的发展阶段等关键因素进行深入分析，确保所选项目与本机构的投资策略和偏好高度契合，从而保证投资决策的精准性和有效性。在确认项目的基本方面符合要求之后，投资经理会进一步审视项目是否展现出了积极的发展前景与强劲的成长潜力，并依据投资标准和决策流程剔除那些未能达到标准的项目。投资经理需与目标企业、供应商等进行沟通与交流，借鉴并参考其他专业机构的研究报告，以掌握项目的基本情况，增强决策的科学性与合理性。通过比较系统的研究，投资机构能够更加精准地把握项目所在行业的未来趋势，并对项目的投资价值形成更为深刻且全面的认知。

通常情况下，投资机构初步研究、筛选的具体工作主要是通过研读和评估商业计划书来开展的，并在此基础上对该项目进行行业研究和企业自身投资价值的研究与初步判断。由于对融资方提供的商业计划书进行研究后得出的结论还缺乏客观性和公正性，因此为了对项目有客观、公正的认识，私募股权投资基金管理团队还需要抛开融资方提供的材料，对项目开展独立的行业与公司研究。

（一）商业计划书评估

1. 行业特征

目标市场的成长性、现有技术或产品的新颖性、技术或产品开发的可行性、市场的竞争情况、潜在需求、成长潜力状况。

2. 经营目标与前景估测

投资机构对于目标项目企业此前的经营业绩与相关经营情况进行分析，对该企业未来几年的经营业绩进行估算。

3. 管理团队成员能力评估

投资的重点在于投人，一个企业的运营好坏关键在于管理层的能力高低。因此，私募股权投资机构要对管理层核心人物的经历、人品、习性、职业素养进行综合分析。

4. 财务状况调查

投资机构对目标企业过去几年的财务状况进行调查，对其未来几年的资金需求、运用与流动状态进行估测，以此为基础考察其所提出的融资方案的合理性。

5. 投资收益评估

投资机构以项目企业的基础素质评估为基础，根据项目融资规模、资金的期限结构、资金的投入方式等对投资该项目的可能收益进行估测。

6. 风险管理与控制评估

投资机构对目标项目中可能存在的各种风险与不确定性进行估测。

（二）行业研究

行业研究是指以“产业”为研究对象，研究产业内部各企业间的相互作用关系、产业本身发展状况、产业间上下游互动联系及空间区域的分布等。行业研究的大致内容如下。

1. 行业环境分析

行业环境分析是指对企业影响最直接、作用最大的外部环境进行分析。

2. 行业结构分析

行业结构主要涉及行业的资本结构、市场结构等。一般来说，行业结构分析主要是对行业进入障碍和行业内竞争程度的分析。

3. 行业市场分析

行业市场分析主要是对行业市场需求的性质、要求及其发展变化，行业的市场容量，行业的分销通路模式、销售方式等进行分析。

4. 行业组织分析

行业组织分析主要研究行业对企业生存状况的要求及现实反映，主要分析内容有企业内的关联性，行业内专业化、一体化程度，规模经济水平，组织变化状况等。

5. 行业成长性分析

行业成长性分析是指分析行业所处的成长阶段和发展方向。

当然，这些内容只是常规分析中的一部分，在这些分析中，还有不少一般内容和特定内容。例如，在行业分析中，一般应动态地进行行业生命周期分析，尤其是结合行业周期的变化来看公司市场销售趋势与价值的变动情况。

（三）公司研究

为了对目标公司展开独立客观的分析，要积极通过各种途径收集该公司的相关材料。

1. 核心竞争力研究

研究公司的核心竞争力主要从盈利模式、市场地位、品牌影响、技术壁垒、成本优势等要素入手，最后总结出的核心竞争力应落在一个或几个点上。

2. 管理团队研究

管理团队研究可以从价值观、专业水平、领导力和执行力、人格魅力、诚信度与社会责任感等多个角度来考察管理团队的企业家素质。另外，要看是否根据个人特长进行了合理明确的分工。还可以从年龄角度来考察，一般来说，年龄在35～45岁之间的企业家，既有丰富的实际经验，又有活跃的思维，能较快地吸收新知识和新信息。

3. 盈利能力研究

盈利能力研究主要从毛利率、净利率、总资产收益率、净资产收益率、经营性现金流等财务指标进行考量，可以与行业排名前几位的企业及行业均值进行比较。

第二节 投资尽职调查与项目价值评估

在对私募股权投资基金作出投资决策的过程中，投资尽职调查与项目价值评估是两个核心环节，它们直接决定了投资项目的可行性、风险程度及潜在回报，是保障投资者利益、实现资本增值的基石。

一、投资尽职调查

（一）投资尽职调查范围界定

在私募股权投资的实践中，基金与潜在投资对象之间的互动常常呈现出一种博弈关系。由于信息获取的局限性，私募股权投资基金在评估和确定目标公司的价值及其实际运营状况时往往处于一种不利的地位。因此，为了确保投资决策的准确性和科学性，为基金的投资分析和最终决策提供信息支持，对拟投资公司的状况进行全面调查与资料分析成为一项必要工作。投资尽职调查是投资过程中不可或缺的重要环节，其要求投资者对目标公司的历史沿革、财务状况、运营情况及未来的发展预期等基本信息进行全面而深入的调查分析。投资尽职调查不仅能够揭示目标公司当前存在的问题，还能够识别潜在的风险因素，这对于投资者评估投资的必要性和可行性至关重要。此外，投资尽职调查的结果能够为投资者合理设计交易结构、制定风险防护措施提供坚实的数据支持和理论基础，确保投资决策的科学性和合理性，从而最大限度地降低投资风险，提高投资回报率。

投资尽职调查通常是由投资者主动发起的，因而投资者需要承担所有相关的费用。为了确保投资尽职调查的全面性和准确性，投资者往往会寻求在行业内拥有丰富实践经验、专业能力强且信誉良好的第三方机构，如知名的会计师事务所和律师事务所等来执行这项任务。这些第三方机构能够凭借其专业知识和经验为投资者提供详尽的调查报告。这些调查报告能够为投资者提供关键的决策依据，提升项目投资价值的可信度。此外，高质量的投资尽职调查报告能够帮助投资者识别和评估潜在的风险因素，从而采取相应的风险控制措施，有效降低和转移潜在风险，确保投资的安全性。

投资者在专业机构进场前，首先会向目标公司企业主或管理层递送一份法律尽职调查文件与资料清单，以及财务与税务尽职调查文件清单，从而让目标公司及时根据这些清单准备相关的待查资料。

专业机构在出具投资尽职调查报告时往往会在其中另外附上一份清单，该清单所列的是没有获得的资料或未经验证的信息。投资尽职调查并非一件简单的工作，实施投资尽职调查将面临多方面的挑战。有的目标公司会向专业机构提供虚假资料以夸大经营业绩，或者为隐瞒负面信息而拒不提供关键资料；有的目标公司的管理人员不愿积极配合，常常导致提供资料不全或提供不及时等问题产生。对此，行使投资尽职调查的人员要与目标公司管理层进行积极和耐心的沟通，尽量获得他们的支持与理解。

随着投资尽职调查的深入，会有各种各样的问题出现，专业机构调查人员应当具备及时反应和处理问题的能力。对于投资者而言，通过投资尽职调查发现潜在的、可能导致交易终止的事项和风险是非常重要的。

对于经投资尽职调查发现的目标公司中存在的现实和潜在的风险，投资者可以通过交易结构设计、合同条款、补救措施或放弃交易来进行处理。

（二）投资尽职调查的具体内容

1. 公司基本资料调查

在私募股权投资基金项目的投资尽职调查过程中，对目标公司进行基本资料审查至关重要。这一环节涉及对公司合法性、稳定性的评估，是投资者识别和规避潜在投资风险的关键步骤。

（1）公司注册登记文件

①公司章程。公司章程是公司的宪法性文件，它详细规定了公司的基本性质、宗旨、经营范围、组织机构、股东权利与义务、公司治理结构等核心内容。在投资尽职调查中，投资者需仔细审阅公司章程，以确认公司的经营策略是否与私募股权投资基金的投资理念相契合，以及公司是否具备清晰、合理的治理结构。此外，投资协议、意向书及备忘录等文件则记录了投资者与目标公司之间的初步合作意向及关键条款，有助于投资者明确自身权益与义务，为后续合作奠定坚实的基础。

②营业执照、行业批件。营业执照是公司合法经营的身份证，通过审查营业执照，投

资者可以验证公司的主体资格、经营范围及注册资本等基本信息，确保目标公司具备合法经营的资质与条件。同时，行业批件及资质证书对于特定行业的企业而言至关重要，它们不仅是企业进入市场的通行证，也是企业专业能力与服务质量的重要体现。投资者需核实这些证书的真实性与有效性，以评估目标公司在行业内的竞争地位与发展潜力。

③股东名册及持股比例。股东名册及持股比例反映了公司的股权结构，是评估公司控制权、稳定性及未来融资能力的重要依据。投资者需了解各股东的背景、持股比例及相互关系，分析是否存在潜在的利益冲突或控制权争夺风险。对于股权结构复杂、股东关系微妙的目标公司，投资者更应保持谨慎，必要时可借助法律或财务顾问的力量进行深入分析。

④公司历史沿革资料。公司历史沿革资料记录了公司从成立至今的发展历程，包括注册资本变化、股权变更、重要合同与协议签订、重大诉讼与仲裁事项等。通过对这些资料的审查，投资者可以全面了解目标公司的成长轨迹，识别其发展过程中的关键转折点与潜在风险点，为评估目标公司的未来发展趋势提供重要参考。

⑤控股参股公司及持股比例一览表。控股参股公司及持股比例一览表揭示了目标公司的扩张战略与业务布局。控股参股公司的表现将直接影响目标公司的整体业绩与财务状况，而分支机构的分布反映了目标公司的市场覆盖范围与经营效率。投资者需关注这些公司的经营情况、盈利能力及与目标公司的协同效应，以评估其对公司整体价值的贡献程度。

⑥出资证明及验资报告。出资证明及验资报告是证明股东已按约定履行出资义务的重要文件。投资者需核实这些文件的真实性与准确性，以确保目标公司的注册资本已足额缴纳，避免因股东出资不实而导致法律风险与财务风险。

⑦公司核心管理层及其人员任职资格。公司的核心管理层是公司战略的执行者与推动者，其专业能力与职业素养直接关系到公司的运营效率与发展前景。投资者需了解公司核心管理层人员的背景、经验、专业技能及任职资格，评估其是否具备引领公司持续健康发展的能力与素质。同时，还需关注公司核心管理层的稳定性与协作效率，以避免因管理不善而导致经营风险。

（2）公司概况

①公司组织结构图。公司组织结构图是理解公司治理框架与运营体系的基础。它不仅展现了公司的层级结构、部门设置，还隐含了权力分配与决策流程。通过审阅组织结构图，投资者能够初步评估公司的管理效率、内部协调机制及潜在的管理风险。理想的公司结构应具备清晰、扁平化的特点，以促进信息的快速传递与决策的迅速执行。

②近年合并年度会计报表及审计报告。近年合并年度会计报表及审计报告、本部及主

要子公司的年度会计报表及审计报告是评估公司财务健康状况与盈利能力的重要依据。这些数据不仅反映了公司的历史经营成果，也为投资者预测公司未来发展趋势提供了数据支持。审计报告的独立性与权威性，进一步增强了财务信息的可信度。投资者需重点关注财务数据的真实性、稳定性及成长性，识别潜在的财务风险。

③当年或下一年度的财务预算报告。当年或下一年度的财务预算报告是企业对未来经营活动的规划与展望。它揭示了企业的战略方向、市场布局、成本控制及盈利预期。通过对比历史数据与预算数据，投资者可以评估企业目标的合理性与可行性，预测投资回报周期与潜在收益。

④两年内媒体公开披露信息。两年内媒体公开披露的信息，如新闻报道、公告、社交媒体活动等，可以为投资者提供企业外部评价与市场反应的窗口。这些信息有助于揭示企业的社会责任感、品牌影响力及潜在危机。同时，通过分析这些信息，投资者能更全面地了解企业的市场地位与竞争力。

⑤法人治理结构与管理水平。了解企业的法人治理结构、组织、职能分工、管理制度及流程，是评估企业内部管理水平的关键。高效的管理团队、科学的决策机制、完善的内控制度是企业稳健运营与持续发展的基石。投资者需关注企业是否建立了有效的监督机制与激励机制，确保企业战略目标的实现。

⑥关联方概况与国际化情况。投资者掌握主要关联方概况，有助于识别潜在的利益输送与竞争冲突风险。而考察企业国际化情况，有助于了解企业拓展国际市场的能力与潜力。在全球化背景下，国际化程度高的企业往往具有更广阔的发展空间与更强的竞争力。

⑦公司自动化、信息化建设程度。在数字化转型的时代背景下，公司自动化与信息化建设程度成为衡量企业现代化水平的重要指标。高效的信息系统不仅能提升企业的运营效率与管理水平，还能为企业数据驱动决策提供有力支持。投资者需关注企业在数字化、智能化方面的投入与成效，评估其适应未来市场变化的能力。

2. 业务调查

（1）市场与销售

①营销策略。营销策略是企业开拓市场、提升品牌影响力和促进销售的核心手段。在进行投资尽职调查时需详细考察企业的市场定位、产品差异化策略、品牌建设策略、价格策略及促销策略等。通过了解这些策略的实施效果、市场反馈及调整机制，投资者可以评估企业市场响应的敏捷度和策略的有效性，进而判断其市场竞争力和持续增长能力。

②业务的季节性和周期性。不同行业往往存在明显的季节性和周期性特征，这直接影响到企业的销售收入和利润波动。在进行投资尽职调查时需深入分析企业历史销售数据，识别其业务周期性和季节性规律，评估这些规律对企业现金流、库存管理、生产计划等方

面的影响，以及企业是否具备有效的应对策略来平滑波动，保持经营的稳定性。

③销售网络与销售渠道。销售网络和渠道是企业连接市场、触达消费者的桥梁。投资尽职调查需覆盖企业现有的销售网络布局、渠道类型（如直销、分销、电商等）、渠道效率及成本控制情况。同时，还需关注企业在优势区域的销售表现，以及是否有潜力拓展新的市场或渠道。此外，外销（出口）渠道、主要市场及趋势分析也是必不可少的，这有助于评估企业国际化战略的实施效果和未来增长潜力。

④客户基础与关系。客户是企业生存和发展的基石。在进行投资尽职调查时需详细列出主要客户名单，分析其行业地位、采购规模、合作历史及紧密程度。需特别关注主要客户收入占总收入的比例，以评估客户集中度风险及企业对大客户的依赖程度。同时，通过访谈、问卷调查等方式收集客户反馈信息，了解企业产品满意度、服务质量和市场竞争力，为评估企业客户关系管理能力提供依据。

⑤销售趋势预测。基于历史销售数据和市场趋势，运用统计分析和预测模型对企业未来销售量、销售金额的发展态势和变化趋势进行预测。这有助于投资者了解企业未来的增长潜力、市场扩张计划及可能面临的风险和挑战。同时，关注未完成或未执行的订单情况，分析其原因、规模及对企业短期业绩的影响，为投资决策提供更为全面的信息支持。

（2）生产及质量管理

①主要生产单元组成与生产物流的流程方式。对企业主要生产单元的构成及其各自承担的任务进行深入调查，有助于了解企业的生产布局和专业化分工。每个生产单元如同一台机器中的齿轮，其协同运作决定了整体的生产效率和灵活性。同时，分析生产物流的流程方式，包括原材料采购、库存管理、生产加工到成品出库的整个链条，可以揭示企业的供应链管理水平、成本控制能力及响应市场变化的速度。这对于评估企业的运营效率和市场竞争力至关重要。

②主要的生产设备数量、质量状况、先进程度、产能负荷度。生产设备是企业生产能力的物质基础，其数量、质量、先进程度及产能负荷度会直接影响生产效率和产品质量。通过实地考察和数据分析，有助于了解企业当前的生产设备状况，评估其是否满足市场需求及未来产能扩张的需求。此外，未来的技术改造和设备投资规划能够展现企业的前瞻性布局和创新能力。有效的技术升级不仅能提升生产效率，还能降低能耗，增强企业的竞争力。

③生产计划的制订、协调。生产计划的制订与协调是确保生产活动有序进行的关键。调查时应关注企业是否已根据市场需求、库存状况及生产能力制订了科学合理的生产计划，并考察其协调机制是否健全，能否有效应对生产过程中的突发情况。良好的生产计划与协调机制能够确保生产流程的顺利进行，提高资源利用率，减少浪费。

④生产组织对环境保护的满足程度。在当今社会，环境保护已成为企业不可回避的责任。调查企业是否达到了环境保护标准，包括排放标准、废物处理、资源循环利用等方面的内容，能够反映企业的社会责任感和环境治理能力。符合环保要求的生产方式不仅有利于企业的可持续发展，还能避免未来因环保政策收紧而带来的法律风险和经济损失。

⑤产品因质量问题退回及折让的历史与现状。产品因质量问题退回及折让的历史与现状是评估企业质量管理有效性的直接指标。通过分析这些数据，可以了解企业在产品质量控制上存在的问题和不足，进而评估其改进能力和未来产品质量风险。同时，也是判断企业是否具备持续改进精神和危机应对能力的重要依据。

（3）供应配套体系

供应配套体系是企业生产运营的重要支撑，直接关系到产品成本、质量稳定性及市场响应速度。在私募股权投资的尽职调查中，对供应配套体系的深入考察是评估企业供应链管理能力、风险控制能力及市场适应能力的重要手段。供应配套体系的具体调查内容如下。

①供应商稳定性与多样性。调查目标企业的主要供应商名单、合作历史、供应合同稳定性及是否存在依赖单一供应商的风险。同时，分析供应商的地域分布、行业地位及备选方案，评估企业在面对供应链波动时的应对能力。

②采购成本与质量控制。了解企业的采购策略、议价能力、原材料市场价格波动对企业成本的影响，以及是否建立了严格的质量控制机制来确保原材料和零部件的质量符合标准。

③物流与库存管理。考察企业的物流体系是否高效、灵活，能否满足快速变化的市场需求。同时，关注库存管理水平，分析库存周转率、库存成本及库存积压风险。

（4）技术与研发

在知识经济时代，技术与研发能力是企业核心竞争力的重要组成部分。私募股权投资在关注企业当前业务表现的同时，更看重其未来的增长潜力和创新能力。因此，技术与研发调查是投资尽职调查中的关键环节。技术与研发的具体调查内容如下。

①核心技术竞争力。深入了解企业的核心技术、专利情况、技术壁垒及行业地位。分析技术的先进性、独特性、可替代性及市场接受度，评估企业在技术竞争中的优势和劣势。

②研发投入与成果。考察企业的研发投入比例、研发团队建设情况、研发项目管理流程及近年来取得的研发成果。分析企业研发投入的产出效率、成果转化能力及对未来业务增长的贡献。

③研发战略与创新能力。评估企业的研发战略规划、技术创新机制及对未来技术趋势的把握能力。了解企业是否具备持续创新能力，以应对市场变化和技术进步带来的挑战。

（5）人力资源

人力资源是企业发展的根本动力，高素质的团队是企业实现战略目标和持续创新的关键。在私募股权投资的尽职调查中，对人力资源的全面考察是评估企业综合实力和未来发展潜力的重要方面。人力资源的具体调查内容如下。

①组织架构与团队稳定性。了解企业的组织架构、部门设置及人员配置情况。分析管理团队的专业背景、行业经验、领导能力及团队协作能力。同时，关注员工流失率、关键岗位人员稳定性及后备人才的培养计划。

②激励机制与企业文化。考察企业是否建立了完善的激励机制，包括薪酬体系、股权激励、晋升机会等。同时，了解目标公司的企业文化、价值观及工作氛围，评估其对员工凝聚力和工作积极性的影响。

③人才培养与引进。分析企业的人才培养计划和人才引进策略，包括内部培训、外部合作、高校合作等。评估企业在人才培养和引进方面的投入、效果及对未来业务发展的支撑作用。

3. 财务调查

在私募股权基金投资过程中，财务调查不仅是评估投资项目价值的重要工具，也是风险控制的第一道防线。因此，可以说，财务调查的详尽性与准确性，对于投资者而言至关重要。

（1）财务组织

①财务组织结构图。投资者需获取并详细分析目标企业的财务组织结构图，这有助于了解企业内部财务职能的划分、层级关系及沟通机制。通过组织结构图，可以直观地看出财务团队在企业整体架构中的位置与影响力。投资者应评价财务团队关键人物的性格特点、专业能力及团队合作能力，这些因素会直接影响财务工作的效率与质量。同时，投资还需关注财务团队的整体工作能力，包括其是否具备应对复杂财务问题的能力、是否能快速响应市场变化等。

②年度经营计划、预算的编制，考核。在进行财务调查时还需深入了解目标企业年度经营计划、预算的编制与执行情况。这包括预算的编制过程是否科学合理、预算指标是否具有挑战性但又可实现、预算执行过程中是否存在偏差及如何调整等。通过这一环节，投资者可以评估企业的战略规划能力、成本控制能力及运营灵活性。此外，预算考核机制的健全与否也是评价企业财务管理水平的重要指标之一。

③财务分析的体系、报告流程。完善的财务分析体系是企业财务工作的重要组成部分。投资者应关注目标企业是否建立了涵盖盈利能力、偿债能力、运营能力等多维度的财务分析体系，并了解这些分析指标的计算方法、数据来源及分析结果的应用情况。同时，还需

考察财务报告的编制与呈报流程，包括报告的时效性、准确性及透明度等，以确保投资者能够及时获取真实可靠的财务信息。

④财务管理模式。财务管理模式的选择直接影响企业的运营效率与财务风险。投资者需了解目标企业采用的财务管理模式，如集中式管理、分散式管理或混合式管理等，并评估这些模式对企业经营的影响。此外，还需关注企业在资金管理、成本控制、税务筹划等方面的具体做法与成效，以全面了解企业的财务管理水平。

（2）会计核算及报告

①会计报告体系。会计报告体系是目标企业财务信息披露的核心框架，在进行投资尽职调查时需重点关注以下几个方面：首先是明确纳入合并报表的子公司范围，确保没有遗漏或错误地包含不符合合并条件的实体。这一步骤对于理解目标企业的整体财务状况至关重要，因为合并报表能够反映目标企业的总体经营成果和财务状况。其次是编制程序，需了解并评估会计报告的编制程序是否合规、有效。再次是编制原则，审查会计报告的编制原则是否遵循企业会计准则和相关法律法规的要求，特别是关于收入确认、资产计价、负债确认等方面的原则，以保证会计信息的真实性和可靠性。最后是编制方法，分析会计报告采用的具体编制方法，如成本法或权益法下的长期股权投资核算、存货计价方法等，以评估其对企业财务状况和经营成果的影响。

②公司薪酬、税费及会计政策。薪酬和税费政策不仅关乎企业的成本结构，也影响企业的盈利能力和竞争力。首先，在进行投资尽职调查时应了解企业薪酬政策的制定和执行情况，包括高管薪酬、员工福利及股权激励计划等，评估其对企业成本和人才稳定性的影响。其次，在进行投资尽职调查时应审查企业的税费政策是否符合国家法律法规的要求，是否存在税务筹划的合理空间，以及未来可能发生的税务风险。最后，在进行投资尽职调查时应分析会计政策是否会影响薪酬和税费的核算与披露，确保相关会计处理的合规性和准确性。

（3）财务明细资料

①货币资金。货币资金作为企业流动性最强的资产，其充足与否直接影响企业的日常运营和偿债能力。在投资尽职调查中，需要重点关注货币资金的总量、构成（包括现金、银行存款、其他货币资金等）、受限情况（如保证金、质押存款）及近期变动趋势。通过对银行对账单、现金流量表等资料的审核，可以评估企业资金管理的规范性、资金使用的效率及是否存在异常资金流向，从而判断企业的短期偿债能力和资金调度能力。

②应收票据与应收账款。应收票据和应收账款是反映企业销售政策、信用管理能力和客户质量的重要指标。在进行投资尽职调查时需详细核查票据的真伪、付款日期、承兑银行信誉以及应收账款的账龄、坏账准备的计提情况、主要债务人的还款能力等。这些信息

对于评估企业应收账款的可回收性和潜在的坏账损失风险至关重要。同时，还需关注是否存在关联方交易形成的应收款项，以避免存在虚增收入和利润的风险。

③预付账款。预付账款反映了企业因购买商品或接受服务而预先支付的款项。在投资尽职调查中，应关注预付账款的合理性、支付对象的信誉、合同执行情况及预付款项的转回周期。过高的预付账款可能意味着企业对供应商的控制力较弱或存在供应链风险，而对于长期挂账的预付账款需警惕是否存在坏账风险或虚构交易的情况。

④存货。存货是企业生产经营的重要物资储备，其管理水平直接影响企业的运营效率和资金占用情况。在进行投资尽职调查时，需对存货的种类、数量、金额、存放地点、保管状况及计价方法进行详细核查。此外，还需关注存货周转率、存货跌价准备的计提情况，以及是否存在滞销、过时或毁损的存货。这些信息有助于评估企业的库存管理能力、存货价值的真实性及潜在的存货减值风险。

⑤固定资产。固定资产是企业长期经营的基础，其规模和质量直接影响企业的生产能力和盈利潜力。在进行投资尽职调查时需重点关注固定资产的账面价值、折旧政策、实际使用状况及维护保养情况。通过实地勘查和第三方评估，验证固定资产的真实性和完整性，避免存在资产虚增或贬值的风险。同时，还需关注固定资产的更新换代情况，以评估企业技术升级和市场竞争力的保持能力。

⑥在建工程。在建工程反映了企业未来产能扩张或技术升级的投资方向及进度。在进行投资尽职调查时需重点关注项目的资金来源、预算执行情况、工程进度与计划偏差、预期收益及风险分析。通过审查施工合同、支付凭证、监理报告等文件，评估项目的合法合规性、成本控制能力及完工可能性，可以防范因项目延期、超支或技术失败导致的资金沉淀风险。

⑦无形资产。无形资产如专利权、商标权、著作权、软件使用权及客户关系等，是企业核心竞争力的重要组成部分。在进行投资尽职调查时应核实无形资产的权属清晰性、法律保护状况、剩余有效期及未来贡献潜力。通过评估无形资产的公允价值，了解其在企业价值创造中的作用，避免估值虚高或存在法律纠纷风险。

⑧借款。借款是企业融资活动的重要组成部分，直接影响企业的资本结构和偿债压力。投资尽职调查需涵盖借款总额、借款期限、利率条件、担保方式及还款计划等方面的内容，评估企业的债务负担、偿债能力及财务风险。同时，需关注借款资金的用途是否符合企业的经营策略，避免资金挪用风险。

⑨应付账款与预收账款。应付账款反映了企业与供应商之间的结算情况，而预收账款体现了客户对预付款项的管理情况。两者共同构成了企业流动负债和流动资产的重要组成部分。在进行投资尽职调查时需关注账款的账龄结构、集中度、支付或收款周期，以及是

否存在异常波动或纠纷，以评估企业的信用管理水平、现金流状况及潜在的资金链风险。

⑩应交税金及其他应交款。税项负担是企业运营成本的重要组成部分，合规缴纳税款是企业社会责任和法律义务的体现。在进行投资尽职调查时需核实企业应缴而未缴的税款、滞纳金及罚款情况，评估税务合规风险。同时，关注其他应交款如社会保险费、公积金等的缴纳情况，全面了解企业的社会责任履行状况。

⑪预提费用。预提费用作为企业财务报表中的一项重要内容，反映了企业为尚未发生但预计会发生的费用而提前计提的资金。在投资尽职调查中，关注预提费用的合理性、合规性及准确性至关重要。通过比对历史数据、行业标准和公司政策，可以分析预提费用是否过高或过低，以及是否存在通过操纵预提费用来调节利润的情况。合理的预提有助于平滑企业各期利润，而过度的预提或不足可能隐藏企业的真实财务问题，影响投资决策的准确性。

⑫股本（实收资本）。股本即企业的注册资本，是企业成立时股东承诺并实际缴纳的资本总额。首先，调查实收资本，确认其真实性，包括验资报告的合法性、资金来源的清晰性。其次，分析股本结构，了解大股东持股比例、股权集中度及潜在的关联交易风险。最后，关注股本变动情况，包括增资、减资、股权转让等，评估这些变动对企业控制权、治理结构及未来发展战略的影响。

⑬资本公积。资本公积是企业资本溢价及其他权益性交易形成的资本储备，反映了企业除股本外，由股东投入但不能直接计入股本的资金。调查资本公积时，需重点关注其形成原因、使用情况及潜在风险。比如，检查是否存在违规将应计入当期损益的项目计入资本公积，以虚增企业净资产的情况。同时，分析资本公积的使用计划，评估其对企业未来发展的支持与推动作用。

⑭销售收入与销售成本。销售收入与销售成本是企业财务报表中的核心指标，直接反映了企业的盈利能力。在进行投资尽职调查时，需详细审查销售收入的确认原则、销售合同的真实性与合法性、收入确认的及时性，以及是否存在通过虚构交易、提前或延迟确认收入等手段粉饰报表的行为。对于销售成本，需关注成本构成的合理性、成本计量的准确性及成本控制的有效性，以评估企业成本管理的水平和效率。

⑮现金流量。现金流量是企业生存与发展的命脉，反映了企业一定时期内现金及现金等价物的流入与流出情况。在投资尽职调查中，应重点关注企业经营活动产生的现金流量净额，因为这是衡量企业自我造血能力的关键指标。同时，还应分析企业投资活动与筹资活动产生的现金流量，评估企业对外投资扩张的稳健性及融资能力。此外，还需关注企业现金流量的季节性波动、预测企业未来现金流量的可持续性，以确保企业具备足够的现金储备以应对市场变化与经营风险。

（4）财务分析

①财务结构、趋势、比率分析。财务结构分析聚焦于企业资金来源与运用的平衡状态，通过资产负债表解读企业资产、负债与所有者权益之间的比例关系，评估其资本结构是否合理，是否存在短期偿债压力过大或资金闲置过多的问题；趋势分析是通过对比历史多期财务报表，识别企业财务数据的变化趋势，如收入增长速度、成本控制效果、盈利能力提升或下滑等，以判断其成长性和稳定性；比率分析是运用一系列财务指标（如流动比率、速动比率、资产负债率、应收账款周转率、净资产收益率等），综合评价企业的偿债能力、运营效率、盈利能力和市场价值，为投资决策提供量化依据。

②未来现金流量是否能满足经营与投资的需要。现金流是企业的血液，对于私募股权投资基金而言，确保目标企业未来现金流量充足以支撑其日常运营及未来投资扩张至关重要。这要求投资尽职调查分析人员不仅要关注利润表上的盈利数字，更要关注现金流量表中的经营活动、投资活动及筹资活动产生的现金流量净额。特别要警惕的是，目标企业可能存在注资需求被低估的现象，即基于乐观的盈利预测而未能充分预估扩张所需的额外资金，这将严重影响项目的后续发展。因此，在进行投资尽职调查时需细致评估各类现金流的预测假设，确保投资方案与现金流状况相匹配。

③提高资产质量以及损益的分析。提升资产质量是增强企业财务稳健性和盈利能力的关键途径。在投资尽职调查中，应关注企业的资产结构，识别并评估各类资产的质量，如存货周转率、应收账款坏账率、固定资产成新率等，以判断企业资产管理的效率和效果。同时，还应分析如何通过优化资产配置、提高运营效率、控制成本等方式来提升损益水平。这些策略的实施将有助于提升目标企业的整体财务状况和投资价值。

4. 法律调查

法律调查是基金管理人律师的一项重要职责，旨在通过系统性、全面性的法律审查了解目标企业的法律状况及其潜在的法律风险。此外，律师还需严格审查目标项目企业所提交的申请文件及公开发行的募集文件，确保其内容的真实性、准确性与完整性。

基金管理人律师应当在掌握翔实、有效的证据资料的基础上，进行综合分析后作出法律判断。在投资尽职调查过程中，基金管理人律师可以根据目标企业的资产、业务规模及财务状况，适当设定投资尽职调查中的主要财产、重大合同、其他重大债权债务关系、诉讼、仲裁或行政处罚等事项的核查标准，对其中可能严重影响证券投资者利益或对证券投资者作出决策或判断有重大影响的所有方面，均应充分发挥其专业能力和水平进行深入调查，并在基金管理人律师工作报告中予以披露，不得隐瞒、遗漏。在投资尽职调查过程中，基金管理人律师应充分利用各种方法收集与投资尽职调查目的相关的信息及证据，包括但不限于查阅文件、档案，通过互联网公开信息检索了解线索，与相关人员面谈或通过电话谈话或进行问卷调查，向相关管理部门或行业协会进行咨询，必要时可以取得相关人员声明，向交易对方或其他相关当事人函证，向政府登记机关查阅登记资料，走访相关管理部门核实情况或取得其出具的证明文件，进行实地走访或现场勘察。基金管理人律师在进行投资尽职调查时，应当结合目标企业的具体情况设计完善的尽职调查计划和操作程序，务必在投资尽职调查基础上形成法律意见书和律师工作报告。同时，基金管理人律师应当制作投资尽职调查工作底稿。工作底稿应当真实、准确、完整地反映投资尽职调查的工作内容。

此外，基金管理人律师在进行投资尽职调查时，要恪守保密原则，不得向第三方泄露在投资尽职调查过程中获悉的任何目标企业信息。

尽职调查大概可以分为以下几个步骤。

①向目标企业提交投资尽职调查提纲或清单。

②目标企业按调查问卷清单提供相关文件或作出回答。

③基金管理人律师对收到的文件制成调查文件清单。

④基金管理人律师对运用各种方法取得的调查结果进行分析整理，发现问题并及时处理。

基金管理人律师的法律尽职调查清单内容大致如下。

投资/融资：①重大对外投资合同（联营、并购、承包经营、投资协议，含境外投资）。②限制股东权利的合同/协议（如股权转让受限、表决权受限、回购安排、委托投资、股权托管协议、股权质押协议）。③全部借贷文件（借贷合同、担保抵押合同），其他重大欠款（如股东贷款、公司拆借等）文件。④重要子公司的上述文件。⑤全部融资租赁文件。⑥股票、债券发行（增发）文件（自查、询问）。⑦诉讼（对方提供）。⑧未决诉讼、仲裁或行政调查处罚案件。⑨潜在诉讼、仲裁或行政调查处罚案件（有现实威胁者）。⑩合格律师对上述事项的法律意见或评估报告。⑪限制公司某项未来活动的合同或判决裁定。⑫重要子公司的上述文件。

重大合同：①重大采购合同、建筑工程承包合同、房地产销售合同。②包销协议、进出口合同（格式文本）。③保险合同及未决理赔事项。④限制公司竞争的合同/协议（如独家许可合同/协议，市场瓜分协议）。⑤与政府达成的合同/协议（如重组上市、政府采购、就业、治安、完税等协议性安排）。⑥公司证券（股权、股票、债券）买卖协议。⑦专利、商标、专有技术等权利证书及许可合同。⑧公司与公司股东及高管人员之间的商务合同/协议。⑨公司与子公司之间的商务合同/协议。⑩租赁合同。⑪公用事业许可使用协议。⑫加工承揽协议。⑬对外担保合同。⑭其他重大合同（50万元以上者），如广告、咨询、代理等。

土地房屋及设备设施：①土地使用证及土地出让 / 转让合同。②房产证及转让合同。③房屋租赁合同。④重大设备设施产权证明。

环保：①环保专家提供的环保调查评估报告。②环保工程设施投资额及设施清单。③政府环保要求。④环保备付准备金。

劳动人事：①高管人员聘用协议。②现有管理团队、在职职工、临时工、离退休人员名单。③管理层现有福利待遇安排。④员工现有福利待遇安排。⑤未决劳动人事争议及潜在争议。⑥企业社保状态。

税务：①三年内完税凭证。②公司税收待遇证明文件（含优惠待遇和差别待遇）。③税务登记证。

其他：①公司自动化、信息化建设情况。②公司法治化建设情况。③公司国际化情况。④公司营销组织结构模式。⑤公司设备老化情况。⑥公司卫生、安全状况。

备注：以上调查提纲并不能包括所有情况，使用时请依据项目情况及经验判断重点领域。

二、项目价值评估

在市场经济交往中，项目价值评估是由交易各方独立完成的。买卖双方都有自己的项目价值评估方法，如果最终得以成交，则交易价格会落在双方估值区间的重叠部分。在某些情况下，估值的程序与方法，甚至交易价格可以由法律法规来约束。

（一）项目价值评估的信息基础

在进行投资决策之前，获取与交易紧密相关的必要信息是至关重要的，这一过程通常涉及对目标公司进行全面且细致的投资尽职调查，以确保决策过程拥有充分的信息基础。具体而言，通过了解目标公司的财务状况，能够获得其在过去数年内的盈利能力等关键信息，这些信息对于评估目标公司的价值具有不可或缺的作用。

然而，信息的不对称性使得交易双方在信息获取上存在差异，卖方往往比买方了解更多关于交易标的物的信息及交易标的的真实价值。卖方可能会出于各种目的，故意或无意地掩盖标的物的缺陷，并夸大对自身有利的方面。私募股权投资机构在进行投资决策时，通常面临时间限制，其必须在有限的时间内作出决策。因此，被收购公司隐瞒的问题往往会在私募股权投资机构完成交易后才逐渐显露出来，这会损害投资者的利益。令企业主保留部分股份，在合同中规定某些保护条款或明确特别的交易价款支付方式，可以在一定程度上保护私募股权投资基金。尽管如此，收购仍是高风险的投资活动。

在投资领域，风险的评估与量化一直是一个充满挑战的议题。因此，在进行投资决策时，私募股权投资团队的经验与直觉扮演着至关重要的角色，这些主观因素最终会体现在投资估值上。在实际操作中，面对同样的净利润水平，不同的评估者可能会给出截然不同的估值结果。私募股权投资机构在进行估值时往往会采取更为保守的态度。那些经历过股市暴跌而损失惨重的投资者、经历过政策变动导致生意遭受重大挫折的经营者或许能更深刻地体会私募股权投资机构的这种谨慎行为。

（二）项目价值评估与交易价格

卖方委托第三方给企业做价值评估从某种程度上会起到锚定作用，即确定一个讨价还价的基本线。实践中，评估价值并非交易价格，而是双方讨价还价之后均可接受的价格。

除估值结果外，买卖双方还要独立考虑更多因素以最终达成交易价格。

①交易条件，如对价形式（现金或股票等）、支付时间、支付方式（一次或分期）等。

②为完成交易而发生的各项费用，如律师费、投资尽职调查费、差旅费、投入的人力时间成本等。

③交易结构的潜在影响，如资产交易的税负问题、股权交易的事后事项等。

④政策的连续性与政策变化的可预见性，如行业准入政策和外资鼓励政策等的变化。

⑤对风险的判断。价格与风险是必须同时考虑的因素。例如，对有负债、应收账款等实现可能性的判断，对政策变动的判断等。

交易方式也会影响交易价格，如拍卖、招投标、集合竞价等方式，与一对一谈判形成的价格会有所不同。

在交易过程中，交易目的的差异对最终的交易价格具有决定性的影响。以国有资产所有者作为卖方为例，在转让国有产权时，其必须综合考虑社会效益与政治影响，同时也要保障经济利益。这些因素对买方的资质形成了严格要求，可能会将一些潜在的、愿意支付更高价格的竞争性买家排除在外，因为他们的资质可能不符合卖方所设定的标准。当买方为产业资本时，其在收购企业的过程中往往会采取更具战略性的策略，他们的出价往往高于其他类型的买家。

（三）项目价值评估方法

项目价值评估是在很多假定条件的基础上作出的，然而实际上很多假定条件可能并不能满足，或者并不为大家所了解和接受。因此，项目价值评估依然是一个理论难题。

在现实交易中，买卖双方最关注的是交易价格。最终的交易价格会围绕其实际价值上下波动，这体现了买卖双方的偏好。只要交易价格高于卖方的卖出底价、低于买方的买入顶价，交易就可能实现。

既然如此，项目价值评估的意义何在呢？有人认为项目价值评估是确认卖方底价和买方顶价的过程。在特殊的情况下，如国有产权的转让，可能会以低于评估价值的价格成交。此时，须综合考量在转让失败的情况下，继续保有国有资产的成本（如企业持续亏损、工资福利拖欠、银行债务负担等）、再次评估的费用、再次挂牌交易的费用、相关人员的时间成本、资产盘活的社会价值等因素。

项目价值评估可以起到防止并购交易双方避税的作用。特别是在资产交易的情况下，卖方降低交易价格并从买方那里以其他方式获得补偿，以此降低交易中的各项税费。我国政府要求卖方提供合格资产评估机构出具的资产评估报告，在某种程度上限制了避税行为。

从技术角度看，项目价值评估可以有着眼于历史或着眼于未来两种基本角度。着眼于历史投入的是基于资产的评估方法，着眼于未来净收入的是基于收益的评估方法。

1. 基于资产的项目价值评估方法

基于资产的项目价值评估方法首先将企业总资产分解为各自独立的、有参考价格的小块资产，然后根据参考价格评估小块资产的价值，再将各小块资产的价值简单加总，最后再加上一个资产溢价就得到了企业价值。对并购交易而言，存在一些显而易见的矛盾：第一，资产估值的时点与资产（或股权）交割的时点不一致，半年左右的时间间隔在收购交易中司空见惯。在高通货膨胀环境下或在资产价格急剧波动时期，估值与交割时间差的存在可能会严重影响交易的达成。第二，经营性资产具有一定程度的专用性。资产专用性的存在降低了资产的流动性、提高了退出的成本。在收购交易中，以低流动性的资产交换高流动性的现金，卖方的资产估价应该减去流动性溢价以贴补买方的流动性损失，而不是再增加资产溢价。第三，资产包式的转让类似批发，应该在零售价加总的基础上打一个折扣，而不是溢价。

具体来说，基于资产的项目价值评估方法有以下几种。

（1）账面价值法

公司资产负债的净值也就是公司的账面价值。但是若要评估目标公司的真正价值，还必须对资产负债表的各个项目作出必要的调整。

对资产项目的调整，应注意公司应收账款可能发生的坏账损失、公司外贸业务的汇兑损失、公司有价证券的市值是否低于账面价值、固定资产的折旧方式是否合理，尤其是在无形资产方面，有关专利权、商标权和商誉的评估弹性很大。

对负债项目的调整，应审查是否有未入账的负债，如职工退休金、预提费用等，注意是否有担保事项等，或有负债及尚未核定的税金等。

在对目标公司的资产负债进行评估后，并购双方即可针对这些项目进行逐项协商，得出双方都可以接受的公司价值。

（2）重置成本法

完全重置成本（即重置全价）是指在现时条件下重新购置一项全新状态的资产所需的全部成本。重置成本法，“是指在评估资产时，按被评估资产的现时完全重置成本减去应扣损耗或贬值，来确定被评估资产价格的一种方法。”[①] 计算公式如下：

$$待评估资产价值 = 重置全价 - 综合贬值$$

或

$$待评估资产价值 = 重置全价 \times 综合成新率$$

综合贬值包括有形损耗（物质的）和无形损耗（技术的）等。

从技术角度看，重置成本法的主观因素较大。例如，对某项设备综合成新率的判定，是根据设计使用年限与剩余使用年限的关系，或是根据剩余折旧年限与残值规定，或是根据感官判断。毕竟影响设备成新率的因素很多，如日常维护保养的频次与费用、设备工况等。有些设备，如轿车，即使是刚买来的新车在二手市场也只能打折销售，以新车价格计入总估值会带来很大的分歧。此外，参考价格的选定无法排除交易条件的影响。

（3）市场比较法

市场比较法简称市场法，即通过市场调查选择一个或几个与评估对象类似的企业或资产作为价格参照物，分析比较参照物的各项指标，进行对比调整，据此确定被评估企业资产价值的评估方法。应用市场比较法的前提是资产同质性较高及存在成熟且交易活跃的市场。

用市场比较法估算某项资产价值的计算公式如下：

$$委估资产的评估价值 = 参照案例资产成交价格 \times 交易情况修正系数 \times 交易日期修正系数 \\ \times 警戒因素修正系数 \times 个别因素修正系数$$

基于资产的估值方法最易引起分歧。毕竟，私募股权投资机构关心的是由企业的盈利能力决定的投资回报，而不是未来资产价值的增值空间。

2. 基于收益的项目价值评估方法

基于收益的项目价值评估方法考虑企业未来业务的价值。具体来说，其包括以下两种方法。

（1）DCF 法

DCF 法，即现金流量折现法，通常是企业价值评估的首选方法。DCF 法的步骤是：①确定未来收益年限 T；②预测未来 T 年内现金流；③确定期望的回报率 r（贴现率）；④

①《应试辅导》编写组 .1995 新编全国注册会计师统一考试应试辅导 最新版 [M]. 北京：企业管理出版社，1995：506.

用贴现率将现金流贴现后加总。

DCF 法公式：

$$企业当前价值=\sum[FCFE_t/(1+r)^t+V_T/(1+r)^T]$$

其中，

$FCFE_t$：预期的第 t 期自由现金流量；

r：贴现率（根据情况可取相应的资本成本 K 或加权平均资本成本 WACC）；

T：收益年限；

V_T：第 T 年企业的终值；

t：预测期从 1 至 T；

$\sum$：求和符号（从第 1 年至第 T 年）。

企业自由现金流量 = 息税折旧摊销前收益（EBITDA）-
所得税 - 资本性支出 - 营运资本净增加

贴现率 = 无风险利率 + 风险溢价

贴现率综合考虑了未来业务发展和潜在风险等诸多方面的因素。其中的风险因素可能是对某一公司、某一具体行业，或对某一具体的细分市场的特定风险。概括地讲，贴现率反映了某一行业特定的资金成本。DCF 模型中不同状况的现金流对应不同的风险水平，对贴现率的要求也不同。税率在 DCF 法中是一个较为复杂的变量，因为各国的税收制度都十分复杂，没有简单的比例可以应用。而且税率也会经常调整，不同性质的企业在不同的时期有着不同的税率，相互之间的可比性也较低。另外，企业对税的处理方法也各不相同，并且会在不同的时期采取不同的避税方法。

收益年限是指企业能够生存的长短或指企业能够被预见的将来时期。根据不同的需要，DCF 法可以选择不同长度的预测期。在估值的实践中，私募股权投资机构更关注 3～5 年的预测期，因为在此预测期内，企业经营结果被认为是可被预测的。

确定第 T 年企业的终值（V_T）与确定企业当前价值是同样的命题。作为对 DCF 法的改进，将 DCF 法与场景分析相结合，分别估算理想、正常与恶劣经营状况下的 DCF 值，并赋予每种情况以权重，加权计算 DCF 值。

适用 DCF 法评估企业价值的条件如下。

①企业目前的现金流量是正的。

②将来一段时间内的现金流量和风险预测。

③可以根据风险得出现金流的贴现率。

值得注意的是，虽然DCF法在理论上相对完美，但在我国的应用存在一定的局限性。实践中，贴现率通常由无风险利率与风险溢价之和构成。在我国，因为利率管制而不存在市场化的利率形成机制，因而无风险利率的选择成为估值中首先面对的问题。

由于我国的储蓄率一直都非常高，因此在我国实施低真实利率政策已具备可行性。然而，在长期通胀预期下，有些评估师将名义一年期定期存款利率视为无风险利率可能会对投资者的决策产生误导，无风险利率显然被低估了。

在我国的评估实践中，DCF法通常用于评估某项盈利性资产，而后将各项资产评估价值加总得到企业价值，实际上仍然属于基于资产的估值方法。由于历史文化原因，我国企业中普遍存在闲置资产的现象，如土地储备、未投入使用的房屋建筑、闲置的机器设备等。这些非生产性的资产对企业的盈利能力没有贡献，而且流动性差。

（2）EBITDA倍数法

EBITDA（息税折旧摊销前收益）是一个财务数据，该数据去除了复杂的财务杠杆和税收政策的影响，综合反映了管理团队经营业绩及企业现金流贡献能力。

EBITDA倍数法公式为：企业估值=EBITDA×经验倍数

经验倍数的选择综合反映了评估者对企业未来盈利能力的信心与风险判断。经验倍数通常依据对下列因素的综合判断而形成。

①以往类似交易的估价。

②企业外部环境的稳定性，如市场化程度、政策的稳定性、宏观经济周期等因素。

③可以选择的退出途径，如拟实施首次公开募股的公司估值可以参考市场上可类比公司的市盈率等指标。

④对投资回报的要求。

私募股权投资机构通常只对EBITDA/销售额（或主营业务收入）高的企业有投资兴趣。一方面，盈利能力过低的企业无法满足投资基金的回报率要求。另一方面，较低的盈利能力将增大企业在面临市场不利变化时陷入亏损与现金短缺状态的可能性。

第三节　投资项目管理

私募股权投资基金的投资项目管理是一个系统工程，需要投资团队在各个环节都保持高度的专业性与敏锐度，从而最大限度地挖掘投资价值，实现资本与产业的共赢发展。

一、重组

在私募股权投资基金管理人决定向一般的创业投资企业注入资本时，通常情况下并不需要对该企业进行大规模的重组。基金的管理团队会开展全面的尽职调查，通过其丰富的资源和经验对投资企业施加积极的影响。但是如果将私募股权投资基金投资于一家大型的企业，那么在多数情况下需要对该企业进行结构重组、优化其资产结构，使之更具有市场竞争力和增值潜力。

（一）资产重组

资产重组的主要目标是提高企业的资产质量，通过剔除那些对企业成长和发展没有实质性帮助或者可能带来负面影响的资产，同时引入符合企业长远战略规划的高质量资产，来实现对企业资产结构的优化。资产重组包括剥离、分立、股权出售和破产四种形式。

1. 剥离

在企业资产重组的过程中，剥离指的是将企业中业绩和运营状况不佳甚至处于亏损状态的部门或公司出售给其他公司，这一行为旨在优化企业的资产结构，提高企业的整体运营效率。在某些情况下，一家多元化企业的不同部门之间可能会产生负面的协同效应，某些部门的运营价值实际上受到了其所能创造价值的限制。私募股权投资基金管理人进行投资决策的过程中，通常会对目标项目企业进行考察分析，评估目标项目企业是否存在负协同效应。如果目标项目企业存在负协同效应，管理人将依据事先与企业达成的协议采取一系列措施，将可能削弱企业整体价值的部分剥离转让给其他公司，以此方式优化企业的资产结构。此外，在一些情况下，私募股权投资基金管理人可能为了获取资金偿还杠杆收购中所欠的债务而作出剥离某些部门的决策。

在企业运营中，剥离业务的操作相对较为直接，涉及对出售部门的合理估价，可能涉及对各类流程的审批、员工妥善安置方案的制订及税负承担等，在找到剥离机构的买主后，经过股东大会的批准即可进行剥离业务的具体操作。

2. 分立

分立的方式与剥离重组不同，分立仅仅是把某些部门从母公司分离出去，另外组建新的子公司。母公司和子公司虽然在法律人格上变得相互独立，但是从经济意义上来看，它们仍然是一个整体，由同一实际控制权所控制。因此，分立通常不会给母公司带来现金流入。在企业运营与管理的实践中，私募股权投资基金管理人常常需要对企业的组织结构进行分析与评估。企业内部各部门之间存在负协同效应会影响各部门间的协作效率，对企业的整体运营产生不利影响。为了应对这一挑战，基金管理人会采取分立重组的策略，通过调整企业的资产结构，优化资源配置，来提升企业的资产质量与经营效率。分立重组与剥离重组相比，操作流程更为复杂。分立重组会使原本的企业被拆分成母公司和子公司两个独立的法人实体，由于涉及多个方面的重组，因此在资产的划分上母公司与子公司之间可能会出现意见分歧。

3. 股权出售

股权出售通常发生在公司分立之后，此时，母公司会出售其持有的部分子公司股权，以此来获取现金收益。私募股权投资基金管理人也常常利用股权出售这一手段来筹集资金，这些资金通常被用来偿还因杠杆收购而累积的巨额金融机构债务。与剥离和分立重组这两种方式相比，股权出售的程序更为复杂，涉及的法律和行政手续也更为烦琐。因此，在实施股权出售的过程中，产生的成本也相对较高。在企业经营过程中，面对高风险和高财务杠杆所带来的压力，经营状况不佳、财务状况较为脆弱的企业通常会选择采取分立重组的模式来应对经营上的挑战。规模较大、盈利状况良好的企业更倾向于采取股权出售的策略。通过出售股权，企业不仅可以快速获取现金用于偿还债务、投资新项目或回馈股东，而且还可以引入新的合作伙伴，借助外部资源和专业知识来进一步提升企业的竞争力和市场地位。

4. 主动破产

经营不良的企业如果持续经营，就会损害股东权益，而主动破产能够给企业的股东带来正财富效应。在私募股权投资基金管理人所开展的并购业务中，当所收购的企业资产的市场价值显著超出其初始的收购成本时，私募股权投资基金的管理层可能会考虑采取主动破产策略进行资产重组。主动破产会导致企业原有管理层失去他们的职位。因此，私募股权投资基金方在作出清算决策时，通常会遭到管理层的强烈反对。

（二）人事重组

当利用私募股权投资基金并购一家企业后，私募股权投资基金管理人就会要求进入该企业的董事会，并可能对企业管理层进行人事调整。“人”的因素对于一个企业的经营成败具有至关重要的影响。因此，对于私募股权投资基金投资的成败而言，人事重组问题尤为关键。由于这种人事调整必然会损害一些人的既得利益，因此处理不当就会导致企业内人心浮动甚至遭到强烈的抵制，这些情况都不利于企业的进一步发展。人事重组主要涉及以下几个方面：重组董事会、慰留关键人才、重构业绩评价和奖励体系。

1. 重组董事会

私募股权投资基金管理人向企业投入资金后，便会顺理成章地成为企业的重要股东，在董事会中占据一定的席位。然而，随之而来的是对企业控制权和管理权如何划分的探讨。

私募股权投资基金方派任几名董事，由谁出任董事长和企业的法定代表人通常会成为双方争论的焦点。

在中小型的企业中，董事会中的成员大多出任企业的各项高级管理职位。如果私募股权投资基金方为了减少矛盾而向对方妥协，结果可能是企业仍然由原管理团队掌控，这样的股东会结构会永久性地损害企业的利益。

2. 慰留核心人才

私募股权投资基金方在调整投资企业人事架构时，企业现有的人才队伍的稳定性可能会受到影响，极易导致人才流失。鉴于此，应致力于营造一个积极、和谐的工作环境，以缓解员工的焦虑情绪，通过采取沟通策略和建立利益激励机制可有效安抚并挽留企业中的核心人才。

3. 重构业绩评价和奖励体系

企业经营不良的原因往往是企业内部管理混乱，业绩评价和奖励体系严重不合理，导致企业员工的工作积极性和创造潜力无法充分发挥出来。私募股权投资基金管理人在对企业进行投资之后，要帮助企业建立业绩评估与激励机制，激发员工的工作积极性与创新潜能，推动企业向着更加规范化、系统化的管理方向前进，从而促进企业的长远发展。

（三）企业文化整合

企业文化整合也是企业重组的重要内容之一，和人事重组密切相关。在众多影响企业长期绩效的因素中，企业文化整合的成败往往决定着企业收购的成败。新旧管理层在管理态度和管理文化方面的差异可能导致战略方向的冲突、决策流程的混乱及员工士气的低落，进而影响企业的整体运营效率和市场竞争力。如果企业当前具有良好的业绩，私募股权投资基金方应保持企业的稳定性和连续性，避免过度干预企业的日常经营活动。然而，当企业面临经营混乱、业绩下滑的困境时，私募股权投资基金方有责任采取必要的干预措施，以扭转不利局面。如果私募股权投资基金方对投资的企业采取放任的态度，企业恐怕会停滞不前甚至走下坡路。

（四）经营战略重构与私募股权投资基金的增值服务

除了资产重组，私募股权投资基金方还需要帮助企业重构经营战略和提供增值服务。

1. 重构经营战略

虽然企业管理人员是最了解企业的人，但其有可能高估企业的实力，导致制定的规划并不切合企业实际情况，这就需要私募股权投资基金方帮助企业重构一个更具体也更理性的经营战略规划。重构经营战略是一个相当复杂的工作，在此仅简单地介绍一下企业经营战略的基本概念。

第一，需求。企业开展生产活动的目标始终是确保最终产品的成功销售。企业必须了解市场的现状及未来发展趋势，对市场需求的形成机制及其影响因素进行分析，审视竞争对手的策略及替代性产品对市场需求可能构成的潜在挑战。在此基础上，企业应当积极探索并评估市场潜在需求的挖掘潜力，深入剖析相关营销活动的成本效益比，确保每一笔营销投入都能带来最大的回报。通过这些综合分析和评估，企业能够制定更加有效的市场策略，从而实现产品的成功销售。在营销策略的选择上，企业应该鼓励创新思维，不断探索新的营销手段和渠道。然而，在实施策略的初期阶段，建议企业采取传统的营销模式。企业可以在不断发展的过程中逐步进行探索和变革。

第二，生产的可能性。在企业的发展过程中，由于原材料供应的短缺或生产能力的不足，其可能会面临产品供给难以满足市场需求的情况。在当今竞争激烈的商业环境中，企业若要保持其市场地位并实现可持续发展，必须确保其产品能够及时且充分地满足消费者的需求。因此，构建稳固的原材料供应链条，成为企业战略规划中不可或缺的一环。此外，企业还需规划产能扩张策略，高效匹配市场需求，避免生产能力的闲置与浪费。

第三，内部与外部协调。企业要实现内部协调，应确保其内部管理控制体系的合理性和有效性，营造积极向上的企业文化氛围。在复杂多变的市场环境中，企业生态系统涉及众多主体。企业管理人员需考虑如何与相关方建立稳固且互利的业务关系。此外，企业还应制定企业形象规划与公关策略，这也是企业经营战略中不可或缺的关键环节。

2.提供增值服务

除了帮助企业重构经营管理战略，私募股权投资基金方不仅在帮助企业重塑经营管理战略方面发挥着重要作用，其还能依托自身丰富的资源和显著的优势，为企业提供一系列多元化的增值服务。其中，为企业提供财务顾问服务是私募股权投资基金较为普遍的一种增值服务形式。通过这种服务，私募股权投资基金方将深入企业内部，协助企业诊断财务状况，识别财务风险，并制定相应的策略来调整和优化企业的资产结构。私募股权投资基金方能够通过其行业洞察力和广泛的人脉为企业寻觅并吸引具有卓越领导才能和丰富经验的高层管理人才，从而显著提升企业的经营管理水平，还能够凭借其丰富的实战经验和深厚的行业积淀，为企业推荐在业界享有盛誉、能够提供高质量服务的专业咨询机构。私募股权投资基金方还能在企业的产品销售、外部融资等方面为企业提供帮助和资源。

二、项目控制

（一）股权安排

私募股权投资基金方是股权投资者，获得股份就意味着对企业的决策拥有发言权。为了保证投资的企业能够良好运营以实现和保障基金投资方的利益，基金管理人需要通过一定的途径和渠道来对投资的企业进行一定的把握和控制。其中较为常见的方法是，基金管理人作为企业的股东，通过行使股东权利对企业有所控制。

1. 控股权

一般情况下，当私募股权投资基金方成功获取企业一半以上的股份时，就能拥有企业的控股权，这意味着私募股权投资基金方将对企业的发展方向、战略规划及日常运营管理拥有决定性的影响力和话语权。在这种情况下，原控制人不得不接受私募股权投资基金方的决策，即使这些决策与其初衷或利益相悖。因此，除非面临极端必要的情况，在大多数情况下，企业的原始控制人倾向于保持对企业的控股权，而私募股权投资基金方也同样希望能够获取对企业的控股权。若私募股权投资基金方未能获得控股权，企业的原始控制人有可能会忽视投资者的权益，滥用私募股权投资基金方所投入的资金。鉴于此，私募股权投资基金方也会努力争取对企业的控股权。

2. 其他股权安排

私募股权投资基金方对国内企业进行投资的过程中，通常会根据投资策略、风险偏好及预期回报等因素设计股权比例，以期达到最佳的投资效果。在日常的运营与管理方面，多数私募股权投资基金方较少直接涉足企业的日常运营与管理，他们更关注的是在董事会中至少拥有一个具备一票否决权的席位，以此作为保障其投资利益的重要手段。当然，许多私募股权投资基金方为了对企业的财务活动进行监督与控制，会指派财务总监入驻被投资企业。通常情况下，为了更好地控制风险并保持投资的灵活性，私募股权投资基金方往往会采用一些金融工具，如可转换公司债券和可转换优先股等。这些金融工具允许私募股权投资基金方在特定条件下，根据市场状况和企业的发展需求灵活地调整其投资策略，防范未来企业再融资可能导致的现有股权稀释问题。

私募股权投资基金方的获利模式通常是对具有巨大增长潜力的企业进行投资，以不断提升企业的市场表现和盈利能力，最终寻找合适的时机出售所持有的股份。私募股权投资基金方并不对企业进行长期控制或长期经营。因此，私募股权投资基金方往往会让企业原有的管理层持有相当一部分股权份额。通过这种方式，私募股权投资基金方不仅能够实现其资本增值的目标，而且能够有效激发管理层的工作热情和创新精神，促使他们更加专注于企业的长期发展和业绩提升。此外，这种股权安排还有利于将管理层的利益与私募股权投资基金方的利益有效联动，通过共同的利益纽带，促进双方在企业发展战略、风险控制及市场机遇把握等方面加强合作。

为了确保管理层的利益与被投资企业价值的增长形成紧密的协同关系，从而激励管理层尽职尽责地管理企业、提升被投资企业的价值，有必要实施针对管理层的期权安排。通过期权安排，私募股权投资基金方能在被投资企业的价值实现最大化时成功出售其持有的股份，进而获取超额利润。当企业价值达到最大化时，管理层也能够以低价或无偿增持股份。

3. 私募股权投资基金与优先股

私募股权投资基金方采取可转换证券的形式作为投资的金融工具。可转换证券包括可转换优先股和可转换债券。

优先股是一种特殊的股权形式，分为可转换优先股和不可转换优先股。在公司的利润分配及企业清算剩余财产的分配方面，优先股股东具有一定的优先权。私募股权投资基金方在进行投资决策时，往往会考虑投资的长期性和风险控制。因此，私募股权投资基金方通常会要求在其所投资的企业中设立可转换优先股，在特殊情况下，私募股权投资基金方可以将这些优先股转换为普通股。融资企业通过发行可转换优先股，能够有效地获取所需的股权资本，而且还能在一定程度上保持对企业的控股权，对于私募股权投资基金方的权益也能进行类似债权的保护，确保投资的安全性。优先股具有股权与债权的双重性质，这使得优先股成为协调投融资双方利益的桥梁。

私募股权投资基金方与项目企业原控制人经过深入谈判后，一般会签署具有法律约束力的可转换优先股正式合同，即“可转换优先股认购协议”，此协议中涉及可转换优先股的内容一般包括以下几个方面。

（1）优先股自动转换的条件

当项目企业首次公开发行优先股时，可将优先股自动转换为普通股，附带的限制性条款也会随之消除。除此之外，协议双方常约定在项目企业运营实现一定业绩要求后，可以自动转换。

（2）转换价格、转换比例

双方在签约时，应当设定可转换优先股以多大比例和多高价格转换为普通股。为了避免项目企业原控制人利用可转换条件稀释早先投资者的股权，协议往往还规定了反稀释条款，以防止私募股权投资基金方因股份分拆或特殊分红受到损害。

（3）强制赎回条款

此条款是私募股权投资基金方入股项目企业后的风险控制手段之一。如果项目企业经营没有达到预期的业绩目标，企业无法上市，那么私募股权投资基金方也无法实现股权转让，私募股权投资基金方会要求企业在一定时间内按一定价格回购投资者的股份。

（4）附带限制性条款

私募股权投资基金方通过在可转换优先股中设置表决权，使其不必持有企业 50% 以上的股份就可以控制企业董事会。这一机制可以为增减项目企业原控制人的报酬、红利及调整优先股可转换比例等补救措施提供有效保证。

（5）对赌条款

在进行私募股权投资时，私募股权投资基金方通常会基于对目标企业未来发展前景和经营业绩的分析和预测来决定是否进行投资及投资的规模。为了保障投资的安全性和潜在价值，私募股权投资基金方在与企业签订股权投资协议时，往往会纳入估值调整条款。当企业未能实现先前约定的经营业绩目标时，私募股权投资基金方能够获得一定的补偿，以弥补因企业实际价值低于预期而遭受的损失。相反，如果目标企业在实际运营过程中获得的效益超出了预期目标，那么私募股权投资基金方将会根据事先约定的协议条款主动地向企业转让一定比例的股份，激励他们在未来继续提升管理水平。

（二）对投资项目管理

1. 参与企业管理

在私募股权投资基金管理人向项目企业投入资金之后，基金管理人要考虑是否参与投资企业的管理，若基金管理人决定参与企业的管理，还要考虑参与管理的程度。在合作的前几个月里，由于双方尚未建立起充分的信任关系，私募股权投资基金方通常会对企业管理层人员的能力持有一定的怀疑态度。为了克服这种初期的不确定性，私募股权投资基金方与企业管理层需要在共事过程中通过不断的沟通、协作逐步增进对彼此的了解与信任。企业和私募股权投资基金方之间的关系建立在共同的盈利目标之上，共同的目标构成双方合作的坚实基础。企业追求的是通过有效的经营策略和市场拓展来实现利润最大化，而私募股权投资基金方希望通过投资有潜力的企业来获取相应的回报。然而，任何一方在追求自身利益的同时，都不应以牺牲另一方的利益为代价。这种合作理念要求双方在平等的基础上相互支持，共同面对市场挑战，分享资源和信息，以实现互利共赢。

私募股权投资基金方对于企业的关注程度与其投资金额紧密相关，投资金额的大小不仅反映了私募股权投资基金方对企业的信心和期望，还直接决定了私募股权投资基金方将投入多少资源和精力来监督和指导企业发展。通过密切关注企业的成长和变化，私募股权投资基金方能够及时发现问题并采取措施，从而最大限度地降低风险，提高投资的成功率。此外，企业在发展过程中可能会面临各种挑战和问题，私募股权投资基金方在提供资金支持的同时，往往还会利用其丰富的行业经验和资源网络，为企业提供战略规划、市场拓展、管理优化等方面的咨询服务。通常情况下，投资金额越大，私募股权投资基金方对企业的关注度也就越高。

企业管理层接受私募股权投资基金方建议的意愿程度也影响着私募股权投资基金方在企业中投入的精力。企业家和私募股权投资基金方之间通常会建立起紧密的联系。这种联系是在共同面临和经历的危机与困难中发展起来的。在企业经营困难的情况下，私募股权投资基金方将不得不主动参与企业管理，将时间和精力花费在解决问题上，而不是寻找新的投资机会。总的说来，私募股权投资基金方不能保证每一个所投资的企业成功，但可以在企业出现问题时保住私募股权投资基金方的投资不会轻易地损失掉。

2. 作为股东参与企业管理

有限责任公司、股份有限公司股东对公司事务享有知情权。他们有权查阅公司章程、股东会会议记录、股东大会会议记录和财务会计报告，并可以对公司的经营管理提出建议或质询。企业投资应当尊重作为股东的私募股权投资基金方的建议或质询，认真对待基金方的建议，回答基金方的质询。当然，这并不意味着作为股东的基金方可以无视公司章程规定，直接干预公司的事务，支配公司的财物。私募股权投资基金方参与企业管理是通过股东会来行使的。有限责任公司召开股东会议、股份有限公司召开股东大会会议，应当将会议所讨论事项作出的决定载入会议记录，并且出席会议的董事应在会议记录上签名，以确认其所记载的内容。股东会、股东大会的会议记录、出席会议的股东签名册及代理出席股东大会的委托书，企业都要妥善保存。这些记录都是股东会、股东大会的原始材料，是会议召开程序、相关问题决议是否具有合法性的必要证明材料。

通常情况下，私募股权投资基金方持有的可能是被投资企业的可转换优先股。这种股份在特定条件下可以转换为普通股，私募股权投资基金方在实际操作中能够行使与普通股股东相同的表决权。私募股权投资基金方作为长期债权人，也能够在企业内部拥有一定的发言权。私募股权投资基金方对被投资企业的表决权分配并不依赖于股权的性质。这种表决权的分配能够确保私募股权投资基金方在不同情况下有效地行使其表决权，从而保护其投资利益不受损害。

3. 作为管理层参与企业管理

在投资过程中，私募股权投资基金方通常并不会以长期控制和经营所投资企业为主要目的，也不会一味地追求对被投资企业的控股权。然而，私募股权投资基金方往往在被投资企业的董事会中占据一个或多个席位。在许多情况下，私募股权投资基金方会在投资项目企业安排外来董事。由于这些外来董事长期从事投资业务，因此在企业资本运营方面积累了丰富的经验，这使得他们在评估企业战略和决策时能够为企业的管理人员提供更为客观、独到的见解。此外，这些外来董事拥有广泛的人脉资源，能够为企业带来更多的合作机会。私募股权投资基金方通过向目标企业注入资本，并在投资后提供专业的咨询服务，往往能够在被投资企业的董事会中获得重要的影响力。董事会拥有任命或解除企业总经理职务的权力，承担着指导和监督项目企业日常运营的职责。因此，私募股权投资基金方在董事会中的作用不容忽视。

公司通常会给管理层以股权和期权激励，然而股权和期权安排的不足在于，其会诱发管理层在经营管理企业中的道德风险，即过度从事收益很高但风险很大的项目或业务。从私募股权投资基金方的角度来看，这些项目和业务不符合私募股权投资基金方对于投资企业“持股—增值—出售”的投资目的。因此，私募股权投资基金方需要督促企业制订管理层雇佣条款来监督和惩罚经营业绩差的管理者，以及限制管理层过于冒险的经营倾向。管理层雇佣条款一般有解雇、撤换管理层并回购其股份等形式。

三、后期关注

（一）持续关注项目经营

在投资项目企业之后，私募股权投资基金方和企业创始人将一起工作，一同面对企业未来的发展，一起为企业的美好未来努力和奋斗，一起迎接来自各方面的风险和困难。虽然双方的直接目的都是企业能够改善经营管理，提升股东价值，但是双方的发展理念仍然不同。私募股权投资基金方的目标为短期目标，主要是为了从所投资企业赚取利润。而企业创始人的目标是长远目标，更希望企业一直发展下去。因此，在企业随后的运营中，难免会出现企业控制人的行为与私募股权投资基金方的预期不一致之处。虽然企业控制人的行为从长远目标来看可能对企业发展更有利，但是并不一定符合私募股权投资基金方的预期退出利益。因此，双方应该就企业如何发展进行充分的沟通和协调。

1. 通过管理参与持续关注

在私募股权投资基金方投资之前，私募股权投资基金方必须决定其想获得多大的企业经营管理参与度。绝大多数私募股权投资基金方都不是被动地进行投资，其都会在一定程度上积极参与企业管理，有的甚至还想在所投资企业内部设立专门部门进行监督，并聘用专门的管理咨询人员负责这项工作。私募股权投资基金方的咨询人员可以向目标企业提供技术或金融专业知识来帮助企业解决相应的问题。此外，这些管理咨询人员还可以协助整个企业进行管理。企业的所有关键决策都应该经过私募股权投资基金方和企业控制人讨论后达成。由于双方都有既定利益，因此都应该就涉及企业发展的任何重大事件进行讨论。

企业控制人和私募股权投资基金方最好把他们所做的关键决策都记录下来，这些记录是双方进行进一步讨论的基础。

2. 审阅财务报表

在对企业进行投资时，私募股权投资基金方往往要求企业控制人提供企业的财务报表。这样做的目的是披露企业的财务状况和企业的经营现状，一方面方便私募股权投资基金方对企业的经营状况进行把握，另一方面对未来的再融资和预期结果进行估算。反过来说，在缺乏定期财务报表的情况下，私募股权投资基金方很难对企业经营状况作出理性判断。迟到的财务报表对于私募股权投资基金方来说，可能是一个即将或已经发生问题的警告信号。如果私募股权投资基金方没有及时收到财务报表和关于企业营运的其他报告，那么私募股权投资基金方就需要及时与企业控制人取得联系，查明此中的缘由。另外，财务报表的准确性和真实性也很重要。出于各种动机，很多企业都会在年底对财务报表进行“调整”，作出良好运作的效果，使私募股权投资基金方放松警惕。因此，私募股权投资基金方应该关注财务报表可调整程度的范围。企业应该就年末财务报表作出重大调整的原因向对私募股权投资基金方进行详细与合理的解释。

3. 举办董事会 / 投资者会议

企业应该定期召开董事会讨论企业的经营管理问题，在会议上私募股权投资基金方可以与企业管理层面谈和讨论企业经营管理中的重要事项。对于投资者会议，企业应当提前为投资者会议的顺利召开做好相关准备。企业管理层应该制订投资者会议日程，并且严格遵守日程安排，积极参与会议。私募股权投资基金方可以与管理层中的人员单独接触，并可以对管理层中的每个人员进行提问。

董事会 / 投资者会议的首要内容应该是讨论企业近期的财务报表。管理层应该对前期报表和未来预测进行分析和解释。如果管理层正在制订新的计划，那么对该计划应该有详细的解释和充分的论证。

总体来说，董事会 / 投资者会议应该主要以财务问题为导向，而不应以营销或生产问题为导向。作为一名投资者，私募股权投资基金方应该特别关注财务数据，而企业管理层应该告知私募股权基金投资方目前企业的现金存量及可用的银行信用额度，并制作现金对账单，以说明私募股权投资基金方投入的资金流向。除了讨论财务问题，私募股权投资基金方还应该简要地了解一下所投资企业的市场竞争状况和所进行的商业活动的最新信息，以及企业的人员变动情况。

4. 做好投资记录

投资记录是私募股权投资基金方了解行业最新动向的一种方式，也是其了解企业经营状况的关键，因此投资记录中必须准确记录以下内容。

（1）财务记录文档

除了法律文档和通信文档，私募股权投资基金方还需保存项目企业呈送的各种定期和不定期的财务报表及相关的审计报告。企业其他财务信息资料也应该予以妥善保存。此外，还应该保存有关项目企业真实数据的报表及预测，这些都对持续观察私募股权投资基金方所投资企业的经营效果有很大助益。

（2）董事会文档

董事会文档记录了企业重大事项决策的过程和内容。如果私募股权投资基金方被任命为董事会董事，或者其定期地与董事会成员进行交流，那么私募股权投资基金方可以专门设立一个文档，以保存其在董事会获取的所有信息。如果私募股权投资基金方指派专门人员在企业的董事会担任董事，那么这个单独文档将有助于私募股权投资基金方回忆以往董事会会议的内容。这将使私募股权投资基金方能够从企业董事的角度观察企业的经营发展情况，从而判断企业是否在向其所期望的方向发展。

（3）基础法律文件档案

法律文件是私募股权投资基金方每项投资的圣经，无数实践都证实了这一观点。因此，私募股权投资基金方必须保管好记录完整的全部法律文件档案。此外，还应保管好与这些文件相互印证的所有证券、企业章程、附章及投资企业作为其中一方的相关文件，还有担保、授权信托、有条件转让的契约、抵押的文件等。另外，所有期权或员工激励计划、任何连锁经营或专利、任何法律意见及其他的法律文件都应该妥善保存。这些文件都应该进行装订并为其制作逻辑清晰的目录索引以方便日后查阅。

（4）与企业管理层的往来通信

私募股权投资基金方应该保留专门的文档来记录私募股权投资基金方与企业管理层的往来通信，用来帮助私募股权投资基金方记住企业曾经发生过的重要事件，并按照时间顺序编档。一般的通信文档应该包括所有私募股权投资基金方计划记录的备忘录及与管理层的交流内容。对于有特定意义日期的特定通信记录，可以进行特别标识。私募股权投资基金方与企业家会谈备忘录也需要设定专门的文件夹，记录会谈要点，但并不需要记录私募股权投资基金方与企业家的每次会谈细节。

（5）分类跟踪文档

私募股权投资基金管理公司通常会在其内部设立专门的对外投资管理部门，并建立投资项目分类跟踪文档，以跟踪各项投资项目的发展情况，包括过去的预算和预测等关键信息的电子数据表。大多数投资项目跟踪文档都是电子数据，通常存放在私募股权投资基金管理公司的对外投资管理部门电脑的共用文件夹里。如果项目信息不是电子形式的，那么需要将其转换成电子数据表的形式。这些详细的项目信息对于观测一个企业来说非常重要，并且能够反映出该企业的运营情况。当新的信息出现时，私募股权投资基金方会把过去的和预测的信息同现在的信息进行比较，以评估该企业的运营情况，评估企业是否在预算之内。这些跟踪文档通常包含许多关于企业的数据比率分析，因此私募股权投资基金方能够迅速地发现企业现有的财务问题。

（二）做好监督工作

1. 监督中应该做的事情

作为企业的投资者，私募股权投资基金方如果想要对企业的发展状况进行追踪监督，需要满足以下基本要求。

（1）坦诚相见

在投资时，私募股权投资基金方应开门见山地将要求和期望讲清楚，并表现出对企业的兴趣和热情，这样，企业的负责人和控制人才会明白私募股权投资基金方的态度并向私募股权投资基金方持续提供充足的信息。因此，私募股权投资基金方应当确保在其投资时，项目企业的负责人和控制人明白私募股权投资基金方的投资目标，并明确这是一种合作伙伴关系，双方应该共同分享企业的各种信息。

（2）了解该企业及其产品或服务

私募股权投资基金方应当了解企业正在从事的业务，以及该企业正在生产的产品或提供的服务。企业的负责人和控制人一般并不指望私募股权投资基金方是该行业的专家，但如果私募股权投资基金方不能区分各种企业所生产出来的产品或提供的服务，或对该行业的情况没有任何的基本认识，那么企业的负责人和控制人可能会认为私募股权投资基金方对该行业没有兴趣而消极地向私募股权投资基金方提供信息。因此，私募股权投资基金方应该对目标企业和产品有所了解，与企业的负责人和控制人进行深入且专业的交谈，这样对方也会有兴趣向私募股权投资基金方持续提供相关信息。

（3）密切关注企业经营成果

私募股权投资基金方不仅要关注企业的销售和收入情况，还要留心企业的各种财务比率。即使私募股权投资基金方与企业最高负责人有密切的私交，基金方仍然不能放松警惕。

（4）与企业的最高负责人经常见面

私募股权投资基金方获得企业信息的最佳途径是与企业最高负责人当面交流，并与企业最高负责人建立经常性会晤交流机制。此举能够让企业最高负责人明白，私募股权投资基金方并不是把自己当作经理或行业中的领头机构，而是一位非常关心企业并提出善意建议的投资者。

（5）了解行业的竞争情况

私募股权投资基金方了解项目企业最大的竞争对手对于基金投资也很重要。私募股权投资基金方应当通过各种渠道获得关于该行业的竞争信息，特别是行业调查报告或行业总结，都应将其保留下来并通报给企业负责人和控制人。这样私募股权投资基金方不但可以持续关注该行业的竞争与发展状况，也能向企业管理人表明私募股权投资基金方正在积极关注该企业的发展情况。如果该行业出现了一份新报告，那么私募股权投资基金方应阅读报告并与企业的负责人和控制人交流分享自己的想法。私募股权投资基金方也可以订阅行业杂志，了解该行业的更多信息，这将会是私募股权投资基金方和企业负责人和控制人讨论内容的来源。

（6）了解企业里的人员

私募股权投资基金方还必须结识所投资企业里的核心人员，让他们成为私募股权投资基金方团队中的一员。这样可以使私募股权投资基金方在处理紧急问题时更加方便和及时，解决问题时也更加有效。

2. 监督中易犯的错误

在对企业的监督中，也要避免一些问题。

（1）私募股权投资基金方如果只是在企业出现问题时才出现，那么其将不被企业的管理人认可。

（2）私募股权投资基金方对问题作出过激的情绪反应，会被企业认为是局外人。私募股权投资基金方应当适度参与到计划的制订中来，并了解企业的发展规划。企业没有如期实现目标时，可以向企业提出提议，但不要有过激的情绪反应。

（3）私募股权投资基金方不要对企业作出过多的事后批评。在问题出现之后，喋喋不休的批评并不会更有效地解决问题，而是会制造更多的内部矛盾和分歧。

（三）注意预警信号

私募股权投资基金方应该对企业可能出现的各种问题保持警惕。私募股权投资基金方可能会因为对企业过度关注而使企业管理层产生敌对情绪。尽管私募股权投资基金方应当努力寻求与企业管理层的友好合作，但绝对不能对企业问题预警信号采取置之不理的态度。如果私募股权投资基金方预见到了问题，而企业管理层没有看到问题或故意隐瞒问题，那么这本身就是一个比较严重的预警信号。通常来说，预警信号包括以下内容。

（1）销售量下降和市场份额的变化

一是销售量下降，二是企业的销售量在增长，而市场份额却在萎缩。如果企业的市场份额小于它应该能在这个市场中占有的份额，就说明企业已出现问题了。此外，如果企业迅速降价，那么可能是由于企业产品滞销、产品本身有瑕疵或产品不适合目标客户群。销售量下降也可能是因为该行业受到政府严格管制。每个行业都或多或少会受到管理规则的约束。当政府监管规则发生变化时，整个行业都会受到影响，只不过行业内各企业受影响的程度不同。销售量下降也可能是由于行业的主要客户对产品的需求下降，从而导致行业走向衰退。这类衰退在每个行业都会发生，企业管理层和私募股权投资基金方需要查明衰退发生的原因、持续的时间，以及重新定位企业的产品以发掘新市场的方法。

（2）新技术和新工艺

新技术和新工艺可能改变企业在行业中的竞争地位和市场份额。企业管理层必须察觉这些变化，并确定它们是否会对企业的竞争地位和市场份额产生影响。私募股权投资基金方必须知道企业能否迅速地应对这些改变并维持其市场地位。

（3）缺乏计划

每个企业都需要对企业的经营编制预算和计划，一个拥有健全预算和计划系统的企业能准确地把握未来的发展趋势。当企业月度预算经常出现非正常偏差时，企业管理层和私募股权投资基金方应该尽快找出其中的原因所在。此外，如果企业没有完成其阶段性经营计划，也应该引起企业管理层和私募股权投资基金方的重视。

（4）员工问题

管理好企业的人力资源是企业管理层的责任，也是体现他们管理能力的一个重要方面。企业管理层应该持续激发和引导员工对工作的热忱和对企业的忠诚。员工存在不满或罢工时，可以在一定程度上表明企业管理层没有尽责或缺乏领导能力。

（5）客户关系恶化

客户关系管理是企业经营管理的一个重要方面。客户关系恶化将会给企业带来巨大的损失，最明显的预警信号是丧失重要客户。这种推论也适用于供应商或债权人。当一个供应商不愿再供应给一个企业或一个债权人不再愿意借贷，那么私募股权投资基金方就应该警觉起来了。

（6）比率分析中的预警信号

许多早期预警信号能体现在企业的关键比率分析中，这包括流动比率、股权与总资产之比、流动资金周转率、负债率等。每一个比率都能向私募股权投资基金方展示企业的发展状况。私募股权投资基金方越早开始用比率分析企业，就越能了解企业现在存在的问题。

（7）拖延付款

如果企业管理层在支付可转债或银行债务时拖延付款就是现金流紧张的表现。当私募股权投资基金方发现这些早期的预警信号时，应及时参与企业经营并解决这些潜在问题。

（8）财务报表上显示亏损

如果财务报表上显示亏损，那么私募股权投资基金方必须给予关注，迅速确认该亏损是否为暂时现象，不能轻易相信企业管理层所做的短期内扭亏为盈的承诺。私募股权投资基金方应与企业负责人一起深入探讨相关问题，以确定企业管理层作出短期内扭亏为盈承诺的依据。

（9）财务报表报送延迟

企业延迟报送财务报表及其他材料，对私募股权投资基金方来说，通常意味着企业运营状况不佳。私募股权投资基金方一定要联系该企业负责人并查找原因。

（10）草率的财务报表

有时候，企业负责人会仓促地准备不准确的财务报表。对投资人来说，这绝对是企业运营发生异常的预警信号。

（11）资产负债表的重大改变

如果企业应付账款大幅增加，私募股权投资基金方有理由怀疑企业是否资不抵债或资金周转出现困难。私募股权投资基金方需要尽快查明原因。如果企业的存货很多，这可能意味着企业的销售状况不佳，导致存货堆积。同样，应收账款的大幅增加可能意味着企业销售收入减少。

（12）无法联系到企业负责人

如果私募股权投资基金方经常无法联系到企业负责人，那么这将是企业运营发生异常的预警信号。企业负责人不能定时地组织召开董事会对私募股权投资基金方也是一个清晰的问题预警信号。

（13）重大失窃

企业负责人很有可能用无法解释的存货重大失窃事件来掩盖资产损失的真正原因，特别是保险公司不负责赔偿的失窃，这意味着企业负责人通常不愿意保险公司插手调查此类事件。

（14）财务数据的重大调整

财务数据在年终的重大调整经常意味着管理层经营不善。如果企业必须冲销大量的存货或不愿意将一些费用资本化，对损益表的影响将是非常大的。这是一个非常严重的企业运营发生异常的预警信号。

（15）管理层成员重大变动

稳定的管理层是持续经营的基本条件，当管理层成员有重大变动时就容易出现问题。缺乏稳定的管理层是企业向投资者、雇员及债务人发出企业运营出现异常的预警信号。私募股权投资基金方必须查明管理层成员离职的原因。

（16）销售订单的重大改变

作为一个投资者，私募股权投资基金方应该特别关注企业的销售订单状况，而不是仅关注财务报表。任何订单的重大变化都需要管理层给出合理的解释。订单减少可能意味着企业在市场方面存在一些问题。订单的增加也可能会带来生产和运输上的问题。有时，订单增长是因为产品价格的下降和企业在新的价格形势下面临重大问题。在毛利大幅减少时销售量会保持增长，但利润将会被摊薄。

（17）存货变化

存货的数目可以为私募股权投资基金方提供有关企业现状的信息。如果企业的存货周转率低于行业中的其他企业，这就意味着该企业的产品在市场上没有竞争力，太多资金被堆压在存货上。产品，尤其是快速生产的产品出现脱销，说明企业在生产方面肯定存在问题。任何存货记录的失实都表明企业在管理方面存在漏洞和疏忽。一个合理的管理和记录系统是企业成功的基石。记录上的重大改变可能意味着生产和存货管理不善。存货的变化最终将反映在损益表上并给企业带来损失。

（18）会计方法的改变

有时企业会为了掩盖债权人和潜在债权人可能发现的问题而改变会计方法。重要的改动包括对折旧计提的变动、对收入确认方法的变动及改变存货计价方法。对于这些会计方法的改变，私募股权投资基金方都要予以警惕。

第四章　私募股权投资基金退出

私募股权投资基金从所投资的项目退出套现，可以说是私募股权投资基金投资成功的最终标志。在作出投资决策之前，私募股权投资基金方就应当制定具体的退出策略和路径。从某种角度来看，私募股权投资基金退出决策就是利润分配决策，即私募股权投资基金以什么样的方式和在什么时间退出项目企业可以使投资收益最大化。

在私募股权基金投资中，投资者的终极目标是追求高额的回报收益。这一目标的实现，离不开健全的退出机制。一个完善的退出机制，能够指引投资者顺利撤出资金，是投资成功的关键要素。在私募股权投资基金的筛选过程中，退出策略是投资者重点考虑的因素，因为它直接决定了能否获得最大化的投资回报。本章为私募股权投资基金退出，主要介绍了三个方面的内容，依次是上市退出、股权转让退出、清算退出。

第一节　上市退出

一、上市退出的概念

私募股权投资基金方选择以何种方式退出项目企业，主要取决于通过这种退出方式私募股权投资基金方能否获得最大收益。就目前来看，将企业上市后持有的股票在二级市场上转让出手是私募股权投资基金方主要的退出渠道，也是投资回报最高的退出方式，上市的收益来源是企业的盈利和资本利得。

首次公开募股（IPO），概括地说，就是“企业通过证券交易所首次公开向投资者发行股票募集用于企业发展资金的过程”[①]。传统的银行融资模式成本高、条件苛刻，而且还要提供担保，限制了企业对抵押资产的处分权，不利于企业的经营。企业上市是在现代企业

① 竺素娥，裘益政．创业企业财务管理 [M]. 大连：东北财经大学出版社，2013：102.

制度条件下，一种重要的融资方式和渠道，是企业通过股份制将企业的一部分股份通过股票交易场所以交易的形式吸收新的股东来扩充资本，从而扩大公司股份总额和企业资产总额的一种方式。一般来说，一旦首次公开上市完成后，企业就可以申请到证券交易所或报价系统挂牌交易。

公司股票上市能吸收公众投资者投资公司，使企业能够迅速地扩大资本规模以实现扩大再生产，并且能够提高公司的知名度和声誉，有利于企业品牌建设，为再融资提供广阔的平台和机会。企业上市后，其生产经营将由简单的商品生产向资本运营大规模扩展阶段进行质的飞跃。企业虽能在市场竞争中获得更加坚实的资本支持，但企业管理层和控制人对于企业的运营与控制要接受公众的监督，经营不善将面临被收购的危险。同时，企业财务状况也需要变得更加透明。而对于私募股权投资基金方来说，由于其在企业上市之前，在每股价格很低的情况下进入企业，成为企业的股东。企业上市后，每股价格会飙升，远远高于私募股权投资基金方原来买入的价格。因此，私募股权投资基金方在持股锁定期之后，可以高价售出其持有的股份，从中获得高额的投资回报。

公司上市可以根据地点不同而区分为境内上市和境外上市。境内上市时间通常需要一年半以上，而境外上市，除了要遵守当地的规定，还必须经过政府监管部门的批准。从境外证券市场上市时间和速度来看，新加坡最快六个月左右，美国和中国香港地区大概在六个月到九个月之间。从上市的成本角度来看，美国的上市成本最高，中国香港地区的费用略显昂贵，而境内与新加坡的上市费用相对较低。从企业市场的影响力来看，美国上市的影响力最高，其股票的增值潜力巨大。相较其他市场，新加坡上市企业的市盈率虽高于中国香港地区，但其品牌影响力却不及中国香港地区。

企业要想顺利上市，首先要做好上市前的准备，这一过程需要在律师、会计师及保荐人等中介机构的帮助下完成。通过深入协作，中介机构将构思并制订出企业资产重组与股份发行的初步方案。随后，在中介机构的指导下，企业着手优化其法人治理结构，对资产结构进行精细化调整，同时梳理并规范财务账目，为上市资料的汇编奠定坚实基础。紧接着，企业需审慎选择适合的证券交易所，无论是境内还是境外，均需与选定的交易所签订正式的上市协议。就境内上市而言，企业需完成备案程序，并接受上市前的专业辅导，以确保符合监管要求。而对于境外上市，企业需预先向证券监管机构提交报告或进行备案登记。上市材料准备完毕后，企业还需获得地方政府、行业主管部门的认可，同时根据规定向证监会提交上市申请或境外上市的备案申请。这一系列程序旨在全方位评估企业的资质与准备情况。最后，在证监会正式批复之后，企业方有资格向股票交易所递交挂牌申请，这意味着上市流程迈入实质性阶段。整个过程烦琐复杂，涉及大量的文件准备和审核工作，尤其是财务审计环节，工作更为繁重。对于境外上市的企业，证券交易市场对其财务账目提出了更为严格的要求。然而，只要企业秉持严谨的态度，严格遵循各项规定与流程，就能顺利实现上市。企业上市并不仅仅意味着能够公开发行股票，还在于能否顺利达成融资目标，以及能否有效提升企业品牌和形象。这就要求企业在后续运营中不懈努力，持续提升产品与服务的质量，推动经济效益的稳步增长。否则，股票上市不但达不到融资的目的，反而会加速企业的灭亡。

二、境内上市

境内市场作为私募股权投资基金的重要退出渠道，上市退出因其高收益率和广泛的市场认可度，成为众多基金的首选退出方式。

（一）IPO 发行中发行人条件

1. 一般条件

第一，发行人必须为依法设立并持续有效存在的股份有限公司。值得注意的是，依据国务院的批准，有限责任公司可通过合法程序转变为股份有限公司，并可在此过程中采取募集设立方式直接面向公众发行股票。对于由有限责任公司整体变更为股份有限公司的情形，若其按原账面净资产值折股转换，其持续经营时间可从有限责任公司成立之日起计算。发行人需满足一系列严格的资产与财务标准：最近三个会计年度净利润均为正数且累计超过 3 000 万元。净利润以扣除非经常性损益前后较低者为计算依据；最近三个会计年度经营活动产生的现金流量净额累计超过 5 000 万元，或者最近三个会计年度营业收入累计超过 3 亿元；发行前股本总额不少于 3 000 万元；最近一期末扣除土地使用权、水面养殖权和采矿权等后的无形资产占净资产的比例不高于 20%；最近一期末不存在未弥补亏损。

第二，发行人的注册资本已足额缴纳，发起人或者股东用作出资的资产财产权转移手续已办理完毕，发行人的主要资产不存在重大权属纠纷。发行人的股权清晰，控股股东和受控股股东、实际控制人支配的股东持有的发行人股份不存在重大权属纠纷。

第三，发行人的生产经营符合法律、行政法规和公司章程的规定，符合国家产业政策。

第四，发行人最近三年内主营业务和董事、高级管理人员没有发生重大变化，实际控制人没有发生变更。

第五，发行人的资产质量维持在高水平状态，资产负债结构展现出稳健与合理性，盈利能力强劲，且现金流量状况良好。发行人的内部控制体系经过全面评估，被认定为在所有关键领域均运行有效，这一结论得到了注册会计师出具的无保留内部控制鉴证报告的权威支持。为确保发行人能够维持其长期盈利，必须严格避免以下情形：首先，发行人的经营模式、产品或服务的品种结构已经或者将要进行重大调整，对持续盈利能力造成显著影响。其次，发行人在行业内的地位稳固性及其所处行业经营环境的稳定性已经或者将要发生重大变动，对持续盈利能力造成显著影响。再次，发行人需保持财务独立，避免最近一个会计年度的营业收入或净利润过度依赖于关联方交易或具有重大不确定性的客户；同时，发行人最近一个会计年度的净利润来源集中于合并财务报表范围以外的投资收益；此外，发行人在获得或使用关键资产与技术，如商标、专利、专有技术及特许经营权等，存在重大不利变化的风险。最后，任何可能以其他方式显著削弱发行人持续盈利能力的潜在因素。

第六，发行人会计基础工作规范，财务报表的编制符合企业会计准则和相关会计制度的规定，在所有重大方面公允地反映了发行人的财务状况、经营成果和现金流量，并由注册会计师出具了无保留意见的审计报告。发行人编制财务报表应以实际发生的交易或事项为依据；在进行会计确认、计量和报告时应当保持应有的谨慎；对相同或相似的经济业务，应选用一致的会计政策，不得随意变更。

第七，发行人应完整披露关联方关系并按重要性原则恰当披露关联交易。关联交易价格公允，不存在通过关联交易操纵利润的情形。

第八，发行人依法纳税，各项税收优惠符合相关法律法规的规定。发行人的经营成果对税收优惠不存在严重依赖。

第九，发行人不存在重大偿债风险，不存在影响持续经营的担保、诉讼及仲裁等重大事项。

2. 创业板上市条件

第一，发行人是依法设立且持续经营三年以上的股份有限公司。有限责任公司按原账面净资产值折股整体变更为股份有限公司的，持续经营时间可以从有限责任公司成立之日起计算。

第二，最近两年连续盈利，最近两年净利润累计不少于 1 000 万元，且持续增长；或者最近一年盈利，且净利润不少于 500 万元，最近一年营业收入不少于 5 000 万元，最近两年营业收入增长率均不低于 30%。净利润以扣除非经常性损益前后较低者为计算依据。

第三，最近一期末净资产不少于 2 000 万元，且不存在未弥补亏损。

第四，发行后股本总额不少于 3 000 万元。

第五，发行人的注册资本已足额缴纳，发起人或者股东用作出资的资产财产权转移手续已办理完毕。发行人的主要资产不存在重大权属纠纷。

第六，发行人应当主要经营一种业务，其生产经营活动符合法律、行政法规和公司章程的规定，符合国家产业政策及环境保护政策。

第七，发行人最近两年内主营业务和董事、高级管理人员均没有发生重大变化，实际控制人没有发生变更。

第八，发行人应当具有持续盈利能力，不存在下列情形。

①发行人的经营模式、产品或服务的品种结构已经或者将要发生重大变化，并对发行人的持续盈利能力构成重大不利影响。

②发行人的行业地位或发行人所处行业的经营环境已经或者将要发生重大变化，并对发行人的持续盈利能力构成重大不利影响。

③发行人在用的商标、专利、专有技术、特许经营权等重要资产或者技术的取得或者使用存在重大不利变化的风险。

④发行人最近一年的营业收入或净利润对关联方或者有重大不确定性的客户存在重大依赖。

⑤发行人最近一年的净利润主要来自合并财务报表范围以外的投资收益。

⑥其他可能对发行人持续盈利能力构成重大不利影响的情形。

（二）企业 IPO 准备的申请文件

1. 招股说明书与发行公告

①招股说明书（申报稿）。

②招股说明书摘要（申报稿）。

③发行公告（发行前提供）。

2. 发行人关于本次发行的申请及授权文件

①发行人关于本次发行的申请报告。

②发行人董事会有关本次发行的决议。

③发行人股东大会有关本次发行的决议。

3. 保荐人关于本次发行的文件

保荐人主要负责出示发行保荐书。发行保荐书由具备专业资质与丰富经验的保荐机构编写，这些机构通常由一批精通法律、财务、行业分析的专家团队组成。在编制过程中，保荐机构需保持高度的独立性，不受发行人或其他利益相关方的干扰，以确保所收集信息的真实性、完整性和准确性。通过对企业历史沿革、财务状况、业务模式、市场竞争力、治理结构、法律风险等多个维度进行全方位、深层次的尽职调查，保荐机构能够对企业进行全面且客观的评价。

4. 会计师关于本次发行的文件

①财务报表及审计报告。

②盈利预测报告及审核报告。

③内部控制鉴证报告。

④经注册会计师核验的非经常性损益明细表。

5. 发行人律师关于本次发行的文件

①法律意见书。

②律师工作报告。

6. 发行人的设立文件

①发行人的企业法人营业执照。

②发起人协议。

③发起人或主要股东的营业执照或有关身份证明文件。

④发行人公司章程（草案）。

7. 关于本次发行募集资金运用的文件

①募集资金投资项目的审批、核准或备案文件。

②发行人拟收购资产（或股权）的财务报表、资产评估报告及审计报告。

③发行人拟收购资产（或股权）的合同或合同草案。

8. 与财务会计资料相关的其他文件

首先，发行人关于最近三年及一期的纳税情况的说明：①发行人最近三年及一期所得税纳税申报表；②有关发行人税收优惠、财政补贴的证明文件；③主要税种纳税情况的说明及注册会计师出具的意见；④主管税收征管机构出具的最近三年及一期发行人纳税情况的证明。

其次，成立不满三年的股份有限公司需报送的财务资料：①最近三年原企业或股份公司的原始财务报表；②原始财务报表与申报财务报表的差异比较表；③注册会计师对差异情况出具的意见。

再次，成立已满三年的股份有限公司需报送的财务资料：①最近三年原始财务报表；②原始财务报表与申报财务报表的差异比较表；③注册会计师对差异情况出具的意见。

最后，发行人设立时和最近三年及一期的资产评估报告（含土地评估报告），以及发行人的历次验资报告。

此外，发行人大股东或控股股东最近一年及一期的原始财务报表及审计报告。

9. 其他文件

第一，产权和特许经营权证书：①发行人拥有或使用的商标、专利、计算机软件著作权等知识产权以及土地使用权、房屋所有权、采矿权等产权证书清单（需列明证书所有者或使用者名称、证书号码、权利期限、取得方式、是否及存在何种他项权利等内容，并由发行人律师对全部产权证书的真实性、合法性和有效性出具鉴证意见）；②特许经营权证书。

第二，有关消除或避免同业竞争的协议，以及发行人的控股股东和实际控制人出具的相关承诺的外资股确认文件。

第三，发行人生产经营和募集资金投资项目符合环境保护要求的证明（重污染行业的发行人需提供省级环保部门出具的证明文件）。

第四，重要合同：①重组协议；②商标、专利、专有技术等知识产权许可使用协议；③重大关联交易协议；④其他重要商务合同。

第五，保荐协议和承销协议。

第六，发行人全体董事对发行申请文件真实性、准确性和完整性的承诺书。

第七，特定行业（或企业）的管理部门出具的相关意见。

10. 定向募集公司应提供的文件

首先，有关内部职工股发行和演变情况的文件：①历次发行内部职工股的批准文件；②内部职工股发行的证明文件；③托管机构出具的历次托管证明；④有关违规清理情况的文件；⑤发行人律师对前述文件真实性的鉴证意见。

其次，省级人民政府或国务院有关部门关于发行人内部职工股审批、发行、托管、清理及是否存在潜在隐患等情况的确认文件。

最后中介机构的意见：①发行人律师关于发行人内部职工股审批、发行、托管和清理情况的核查意见。②保荐人关于发行人内部职工股审批、发行、托管和清理情况的核查意见。

（三）企业成功上市与股份减持

在企业成功上市后，私募股权投资基金通常会选择逐步减持其持有的股份。股份减持是私募股权投资基金实现退出收益的具体操作手段。通过减持，投资者可以在合适的时机以预期的价格将股份变现，从而锁定投资收益。然而，股份减持并非一蹴而就，它需要投资者根据市场情况、企业业绩及监管政策等多方面的因素进行综合考虑和决策。

三、境外上市

境外上市对于私募股权投资基金项目而言是十分有利的。首先，境外上市可以为企业提供更为广阔的融资渠道，吸引更多的国际投资者参与，从而为企业的发展提供更为充足的资金支持。其次，境外上市可以提高企业的国际知名度和影响力，有利于企业开拓国际市场，实现全球化发展。最后，境外上市还有助于完善企业的治理结构，提高企业的管理水平和市场竞争力。

（一）境外证券市场选择

1.境外证券市场优劣势分析

对于中国国有企业而言，美国、英国、新加坡是最主要的境外上市地点，大多数中国上市企业都会选择在这些地点上市。

美国市场在资金容量、流通量和资本运作方面展现出了极大的优势，企业如果能够在美国证券市场上市，表明其经营管理制度国际化并且具有完善的治理结构和良好的信誉，如此，私募股权投资基金方也就会更愿意支付更多的溢价而鼓励企业到美国上市。纽约是世界金融中心，对提高公司治理水平、品牌形象和知名度具有重要意义。然而，在享有这些优势的同时，美国市场也面临着一系列挑战，具体表现在，高昂的IPO费用、显著的文化差异及对中国企业市场较低的认知度。就融资成本而言，美国纳斯达克与纽约证券交易所均处于全球高位，尤其是在《萨班斯－奥克斯利法案》生效后，上市公司需承担极高的上市成本、极端严格的内部控制标准，以及后续高昂的维护费用。这些因素使众多境内企业在面对美国市场时犹豫不决，甚至避而远之。

伦敦证券交易所的上市流程展现出较低的融资成本优势，这在一定程度上提高了伦敦证券市场的吸引力，持续吸引着众多亚洲优质企业在此上市。特别是在美国《萨班斯－奥克斯利法案》实施后，作为世界三大金融中心之一的伦敦证券交易所逐渐成为境内企业上市的优先选择地。

随着欧元的启用，投资者越来越关注欧洲证券市场的发展态势。为有效吸引更多企业前来上市，德国法兰克福证券交易所专门设立了“自由市场”的上市三部。这个上市三部采用了较为宽松的上市条件，不仅取消了公司成立的最低年限和最低发行资本等方面的限制，还免除了公司上市后的年度及中期财务报告披露方面的义务。这一系列措施极大地激发了外国企业的上市兴趣，尤其是欧洲和欧元区以外的企业。

对于寻求国际化发展的境内民营企业而言，新加坡资本市场提供了一个相对经济高效的选择。新加坡证券市场不仅上市门槛和上市成本较低，而且上市周期短、语言和文化差异较小。然而，值得注意的是，其市场规模相对有限，且境内企业对该市场的了解尚显不足。

尽管新加坡证券市场的筹资成本保持在合理水平，但上市公司总量较少，融资金额可能受到一定限制，且市场交易活跃度相对较低，因此更适宜中小型境内企业前往上市。

在日本证券市场，日本证券商非常注重拟上市企业与日本的关系，如该企业是否与日本有业务往来，是否有日本投资者等，否则企业在日本成功上市的困难比较大。在日本证券市场上市的准备期长，通常需要一年半到两年的时间，不适合创业企业。在日本证券市场上市的上市成本也比较高，所需要的花费占融资的比重较大。此外，日本券商和会计师除了强调信息披露，还会强调公司内部的监管制度，以及这个制度是否真正能够发挥作用。

韩国证券市场的上市费用与世界其他证券交易所相比相对较低，而且上市准备时间短。韩国证券市场要求相对灵活和宽松，对境内企业的公司上市条件较少。韩国通过立法专门在证券交易所创立了房地产企业板块，对境内急于上市的房地产企业无疑是一个不错的选择。但是，在韩国上市经济风险较大，因为韩元汇率风险高。另外，目前精通韩国证券法、公司法并且精通上市业务的中国律师较少，加上投资银行的服务质量有待提高，韩国知名券商在中国的业务在一定程度上受到了限制。

2. 境外证券市场选择策略

企业在选择境外证券市场时，需要审慎地进行综合考虑，分析企业自身存在的优势和劣势及市场定位。具体而言，企业必须综合评估自身条件与境外证券市场规则中关于上市公司基本要求的契合度。由于每个境外证券市场对企业上市条件、监管规则及交易规则有着各自不同的要求，这导致了在不同市场上市的交易成本存在差异。因此，企业需仔细权衡各证券交易所在筹资能力、市场流通性方面的优劣。同时，还需考虑各国家资金供给量的差异，以及证券市场的品牌效应对企业股票发行溢价收益的影响。企业还要考虑证券市场及其证券监管机构对上市的监管程度，以及各个境外证券市场的地理位置、法律环境和文化背景、初始上市和维护上市的费用水平、企业与各个境外证券市场所在国或地区业务的关联度。更进一步地，企业还需关注拟上市地投资者对境内企业的认知程度。在不同境外证券市场发行证券，会对企业形象和知名度产生不同的影响。此外，同一国家或地区内各证券市场板块间的互动条件也至关重要，因为全球各交易所都在采取差异化、专业化的策略，使得不同市场或者同一市场不同板块在融资分工上存在显著差异。企业需灵活运用自身条件，审慎选择合适的境外证券市场上市，以实现最佳的战略目标和经济效益。对于私募股权投资基金方来说，除了以上需要考虑的因素，还有一个需要考虑的重要因素是，企业在哪个境外证券市场上市能够有最高的市盈率。在市盈率高的证券市场上市，私募股权投资基金方在二级市场转手售出其持有的企业股份时，就能卖出更高的价钱，从而获得更高的投资回报。

（二）境外上市条件

境内企业申请境外上市的条件包括两个方面：一是公司申请境外上市的规定的条件；二是准备上市地证券市场的上市资格。

对于境内企业申请境外上市而言，中国证监会规定：企业应当符合我国有关境外上市的法律、法规和规则；筹资用途符合国家产业政策、利用外资政策及国家有关固定资产投资立项的规定；净资产不少于4亿元人民币，过去一年税后利润不少于6 000万元人民币，并有增长潜力，按合理预期市盈率计算，筹资额不少于5 000万美元；具有规范的法人治理结构及较完善的内部管理制度，有较稳定的高级管理层及较高的管理水平；上市后分红派息有可靠的外汇来源，符合国家外汇管理的有关规定；中国证监会规定的其他条件。

根据《中国证券监督管理委员会关于规范境内上市公司所属企业到境外上市有关问题的通知》的规定，上市公司有控制权的所属企业（以下简称“所属企业”）到境外证券市场公开发行股票并上市的，必须满足以下条件：上市公司在最近三年连续盈利；上市公司最近三个会计年度内发行股份及募集资金投向的业务和资产不得作为对所属企业的出资申请境外上市；上市公司最近一个会计年度合并报表中按权益享有的所属企业的净利润不得超过上市公司合并报表净利润的50%；上市公司最近一个会计年度合并报表中按权益享有的所属企业净资产不得超过上市公司合并报表净资产的30%；上市公司与所属企业不存在同业竞争，且资产、财务独立，经理人员不存在交叉任职；上市公司及所属企业董事、高级管理人员及其关联人员持有所属企业的股份，不得超过所属企业到境外上市前总股本的10%；上市公司不存在资金、资产被具有实际控制权的个人、法人或其他组织及其关联人占用的情形，或其他损害公司利益的重大关联交易；上市公司最近三年无重大违法违规行为。

中国证监会于2023年2月17日发布了《境内企业境外发行证券和上市管理试行办法》，其第八条规定，存在下列情形之一的，不得境外发行上市：①法律、行政法规或者国家有关规定明确禁止上市融资的；②经国务院有关主管部门依法审查认定，境外发行上市可能危害国家安全的；③境内企业或者其控股股东、实际控制人最近3年内存在贪污、贿赂、侵占财产、挪用财产或者破坏社会主义市场经济秩序的刑事犯罪的；④境内企业因涉嫌犯罪或者重大违法违规行为正在被依法立案调查，尚未有明确结论意见的；⑤控股股东或者受控股股东、实际控制人支配的股东持有的股权存在重大权属纠纷的。

（三）上市方式选择

境内企业在境外上市的好处，除了融资功能，还有品牌效应、人才效应、财富效应和规范约束效应、创新激励效应等。追求这些效应就是境内企业在境外上市的动因。由于各国证券交易所的上市条件各不相同，上市成本和上市效应方面也存在着较大的差异。因此，拟在境外上市的境内企业事先了解境外不同证券市场，分析它们各自的优势和劣势对境内企业成功在境外上市具有重要意义。根据不同的动因，企业在不同阶段会采取不同的上市方式，也可能会同时采取多种方式。根据不同的标准可以对上市方式做不同的分类，每种方式下又可分为不同的上市方式，且不同的上市方式又经常可以交叉适用。每种上市方式都有其优势和劣势。但是不管方式如何变化，成功的上市都是与独特的资源条件相适应的。此外，企业的控制人还应当仔细分析每种上市方式各自的优缺点，了解企业本身是否具有利用这些优点克服这些缺点的条件。选择恰当的上市方式，谨慎操作，可以降低上市的费用及上市时间成本，提高上市成功率。

1. 境外直接上市与境外间接上市

境外直接上市作为一种企业国际化融资的重要策略，涉及境内企业以自身名义直接向境外证券监管机构申请发行登记注册，发行股票，进而在目标证券市场申请挂牌上市。此过程虽路径相对简单，却伴随着高度复杂的监管挑战，涵盖土地权属确认、业务及资产重组、独立运营审核、关联交易与同业竞争规避、税务合规等方面。

境外直接上市普遍采用首次公开募股的方式，涵盖两种主要形式：一是境内企业境外直接上市，是指依据中国法律成立的企业法人，通过在纽约（发行N股）或新加坡（发行S股）等国际金融中心首次公开发行股票，从而直接在境外成熟的证券市场获得上市地位。二是拥有境内权益的境外公司以红筹股模式在境外市场实现直接上市，主要是指注册地位于中国内地之外的企业法人或与之具有股权联结关系的实体，它们直接或间接地持有中国内地企业的股权或享有其资产权益，进而选择在境外的证券市场上市。

相较于直接上市，境外间接上市提供了更为灵活多样的选择，主要包括买壳上市（反向收购）与造壳上市两种形式。上市公司和拟上市公司都可以成为壳公司。其核心在于利用在开曼群岛、维尔京群岛等地设立的境外壳公司作为资本运作平台，通过资本注入、资产重组及最终上市，实现境内企业的间接国际融资。随着《关于外国投资者并购境内企业的规定》的出台与实施，境外上市特别是涉及红筹方式与特殊目的公司（SPV）的上市活动，受到了更为严格的监管审查。这一政策旨在加强对外资并购及境内资产境外上市的监管力度，确保国家经济安全与资本市场的有序发展。其直接影响主要有三点：一是需要商务部和证监会的双重批准；二是设定了一年的上市期限；三是在跨境换股方面，规定了申请程序，确定了日后跨境换股的可行性。这在实际操作中增加了很多烦琐审核和审批登记程序，上市难度增大，其中包括增加了前期费用成本及时间成本，并且额外增加了上市的不确定性，加大了境外上市的风险。

境外直接上市模式因其独特的运作机制而显著区别于其他路径。该模式自启动之初便引入了承销商的深度参与，通过精心策划的大规模上市路演等活动，企业能够迅速捕获市场的目光与青睐，其融资目标往往在上市之初便得以实现。这得益于投资银行采用的包销机制，确保了资金的即时注入，对于企业长远的战略规划与发展而言，境外直接上市无疑构成了境内企业迈向国际资本市场的首选路径。但是直接上市的缺点在于，企业上市之前一般要经过漫长的准备过程。因为目前申请境外上市的企业比较多，审批程序复杂，很多企业达到上市目标还需要三年至五年的时间。在此期间，企业需组建一支包含投资银行、法律顾问、审计团队及资产评估专家在内的多元化中介团队，此团队的运作与协调不仅耗时费力，更伴随着高昂的成本支出。

买壳上市以其直接高效的特性成为另一可行选择。该模式简化为壳公司与买壳公司间的直接交易，只要双方就交易条款达成共识，上市之路便可畅通无阻。买壳上市的优势体现在它巧妙地规避了境内严格的资本与外汇监管，促进了国际资本的自由流动。首先，境内民营企业无须经历烦琐的境外投资登记与审批流程，即可实现对境外上市公司的实际控制，通过一系列资本运作手段（如收购、注资、换股），进而享受相关政策优惠。其次，该模式为境内企业及其股东提供了更为灵活便利的股权管理与资本运作平台，依据壳公司注册地的法律框架，轻松完成股权转让、抵押、增资、减资等操作。再次，买壳上市还能有效绕过H股等传统上市途径的烦琐审批，仅需依据壳公司及上市地法律要求完成企业改造、资产重组与包装，经上市地发行审核机构一次性审核通过即可，大幅缩短了上市时间。此外，境外上市所筹集的资金也可依据上市地法律自由调配，无须强制回流境内，为企业资金运作提供了更大的灵活性与自主性，显著促进了企业在国际范围内的投资与资本运作效能。最后，企业通过境外上市平台，巧妙运用股票期权、员工信托股票等激励机制，不仅革新了公司治理结构，还实现了管理模式的创新突破，为企业的长远发展奠定了坚实基础。值得注意的是，相较于直接发行H股等遵循中国本土法律与会计制度的上市方式，境外间接上市模式往往能赢得更为积极的市场反响。这一现象背后，关键在于间接上市遵循的是境外注册地的法律与会计标准，这一国际接轨的特性有效提升了境外投资者的信任度与接受度，从而促使股价表现更为优异。然而，境外买壳上市策略虽具吸引力，却也伴随着不容忽视的风险。首要风险在于，壳公司过往可能隐藏的债务与责任，在并购完成后将转嫁至买壳方，构成潜在财务负担。该模式本身并不直接产生融资效应，后续融资仍需依赖企业进一步的资本运作规划。合规性考量亦不容忽视，包括向中国证监会提交详尽材料备案，以及妥善处理壳公司对国内资产的控股比例、精准把握上市时机等复杂问题。

相比之下，造壳上市作为一种策略性选择，展现了其独特的优势。通过以境外未上市公司为主体申请挂牌，造壳上市巧妙规避了直接上市可能遭遇的法律冲突，显著缩短了企业上市的时间成本。相较于直接购买境外公司上市，境内企业能够根据自身需求量身定制

“壳公司”，从而在成本控制与风险管理上占据优势。同时，造壳上市还为企业提供了拓展国际业务的灵活平台，借助壳公司，企业不仅能实现上市目标，还能进一步探索海外市场，增强全球竞争力。更为重要的是，造壳上市往往选择在开曼群岛、百慕大群岛等英美法系地区设立壳公司。这些地区成熟的法律体系在股权转让、认股权证及公司管理等方面与国际标准高度一致，为发起人、股东及管理层提供了更为清晰、透明的法律环境，增强了国际投资者的信心与认可度。

2.A 股上市公司的境外分拆上市与整体上市

分拆上市可以为上市公司提高资本运作能力、扩张股本规模腾出空间。在分拆上市中，上市公司中的某一块优质资产或子公司被分拆独立出来上市，该部分优质资产可以不受整个上市公司的拖累而丧失扩张能力。分拆后，上市公司可以将比较优质的资产逐步转移到分拆出来的上市的子公司中，逐步进行再生改造，合法规避管理层对配股提出的业绩和数量限制。分拆后，上市公司还可以比较灵活地进行资产重组和利润分配，在条件成熟时，把分拆出来的子公司出售或上市。

监管机构对企业分拆上市过程中的业务独立性有着严格的规范要求。鉴于企业内部的业务关联性较大，分拆上市时容易引发与母公司及其子公司的关联交易，以及业务冲突问题。此外，分拆可能导致存续企业通过控股权转移上市公司的融资或利润，影响公司规范运作或造成资产流失。

整体上市是企业对其规模进行调整，把母公司与子公司间的关联交易绝大部分都转换成上市公司内部的资源配置，从而降低交易费用和实现资源配置效率的最大化。因此，在实践中，很多控股股东经常通过某种途径整体上市。

3. 数地上市与一地上市

数地上市是指一家公司同时在几个证券市场上市的情形。境外多地上市，既是经济全球化的需要，又是境内企业融资全球化的需要。虽然全球各主要的证券交易所都是发达国家或主要新兴国家或地区所形成的国际金融中心，但这些国际金融中心，同样存在各种可能的系统性风险、操作风险、交易风险和法律风险。境外多地同时上市，既是全球各证券交易所的交易条件不同、境内企业相机选择的结果，又是境内企业面对不同证券市场不同的风险特点，分散融资风险的选择。多地同时上市，可以在一定程度上分散融资风险。

（四）境外上市程序

境外上市程序因上市地点、上市方式的不同而不同。相同所有制形式的企业选择上市的方案和程序也不尽相同。

1. 直接上市

企业境外直接上市流程主要分为以下 6 个阶段。

（1）组织准备

随着企业实力的逐步增强，其往往会将目光投向资本市场，以期通过上市转型为公众公司，从而拓宽融资渠道，进一步拓展企业发展空间。在此过程中，企业决策层需审慎权衡境外上市的利弊，明确上市意向及境外上市的必要性。一旦战略决策形成，随即需在企业内部组建一个专项上市筹备小组，专门负责上市的各项准备工作。

（2）获取预选资格

遵循相关法律法规，企业决策层需经过深入研讨，明确上市总体战略部署，并据此组织编制详尽的上市申请资料。这一系列文件需严格按照既定程序提交审批，旨在获得作为境外上市预选企业的资格。

（3）公司制改组

成功取得预选资格后，企业随即迈入公司制改组的实质性操作阶段。在这一阶段，企业在专业中介机构的协助下，需完成多项任务，如精确的资产评估与产权清晰界定、科学的资产重组安排，以及制定长远的企业发展规划。

（4）申请境外募股

境外募股申请环节涵盖向证监会的正式申报及向目标上市地证券交易所的同步申请。企业向证监会提交的核心材料包括详尽的招股说明书、股份有限公司章程及发行计划等，向上市地证券交易所的申报需遵循其特定格式要求，内容虽与前者相仿，但还需确保所有参与中介机构均获得该交易所的资质认可。

（5）股票发行

当境外交易所正式接受企业申报材料并作出上市安排承诺后，企业即进入股票募集阶段。此时，企业需精心挑选最佳发行时机，积极面向基金与投资机构的管理层推介企业股票，同时充分展现企业良好的管理能力和发展前景，以此增强投资者的信心。正式的股票发行分为两大部分：一是发起人股，主要指由发起人持有的、发起净资产所折成的股份；二是社会公众股，是向境外投资者增发的股份，具体细分为公募与私募两种模式。公募发行，即面向全球范围内的广大投资者，公开售卖部分或全部拟增发的社会公众股。若申购量超出预设发行额，则将依据既定规则实施比例配售；若认购量未达预设发行额，则未售股份将由承销机构承担包销责任。值得注意的是，若认购量持续低于特定比例，则视为发行失败，此时发行人需承担全额退款及相应资金利息损失的赔偿责任，以保护投资者利益。私募发行采取了一种更为精准且高效的策略，即将部分或全部社会公众股以定向配售的方式，按比例分配给具备实力的机构投资者。

（6）上市交易

股票发行后，在境外证券交易所的规范引导下，企业需将其全部股票置于公开市场进行交易。随后，企业有责任依照交易所的严格规定，定期或依据特定情况及时披露相关财务、经营信息，主动接受投资者的质询与监督，保障所有参与者的合法权益。

2. 间接上市

实际控制人推动企业实施境外间接上市的流程为：在境外构建或收购壳公司，随后将其所掌控的境内资产以法律手段全盘转移至该壳公司名下。紧接着，壳公司会将这些境内资产证券化，并在境外市场成功发行上市。上市成功后，上市公司通常会以外商投资或外债的形式，将筹集到的主要资金回流至境内以支持其运营与发展。

（1）买壳上市

买壳上市的实施可细化为四个关键阶段：财务顾问的选聘、目标公司的甄别、详尽的评估论证与方案的精准实施。首先，企业在筹划买壳上市之初，首要任务是聘请具备深厚专业素养与丰富实战经验的财务顾问，以全面规划并引导整个买壳过程。同时，还需汇集会计、评估、法律等多领域专业的中介服务机构。其次，在财务顾问的协助下，企业需依据自身的资产状况、财务状况、运营能力及长远战略规划，初步明确目标公司的特点。通过对潜在目标公司的行业特性、业务范围、资产量级、财务状况、股权架构及运营绩效等方面的深入剖析与比较，开展广泛的市场调研与初步接触，旨在筛选出最契合的壳公司。再次，选定目标公司后，企业需进行深入而细致的尽职调查，旨在全面掌握目标公司的资产、负债、财务及运营现状，确保信息的真实性、完整性与准确性。基于这些翔实数据，企业将进一步开展价值评估与论证，为后续决策奠定坚实的基础。最后，结合企业自身条件与目标公司特性，精心策划重组方案，并预测上市后的经营走势，进行详尽的成本效益分析。在各中介机构的协同努力下，双方将签订一系列法律文件，完成产权交接，实现壳公司的控制与改组，正式开启境外资本市场的崭新篇章。

（2）造壳上市

公司采取境外造壳上市策略，其核心动机在于规避复杂的监管环境，从而有效促进境内企业顺利实现境外上市的目标。此外，公司可利用避税岛的税收优惠政策，进一步实现税务筹划与避税目的。具体而言，在百慕大群岛、库克群岛、开曼群岛及维尔京群岛等地区注册新公司，或并购当地已存在的公司，作为控股平台以管理境内的企业资产或业务。同时，在境内构建相应的外商投资控股公司，并将相应权益及利润转移至境外控股公司，以此顺利实现间接上市。相较于企业直接在境外证券交易所上市，境外造壳上市的优势在于其采用一家境外非上市公司作为上市主体申请挂牌，此举能有效规避因直接上市可能遭遇的居住国与上市地的法律冲突，从而缩短上市时间。相较于收购已上市公司，通过精心构建或选定壳公司进行上市，不仅成本更为低廉，还能助力企业拓展境外市场，增强企业国际化经营能力。值得注意的是，选择在开曼群岛或百慕大群岛等遵循英美法系的地区设立壳公司，意味着其法律框架下的股权转让、认股权证发行及公司管理机制能够紧密对接国际标准，为发起人、股东及管理层提供更加灵活且受国际认可的治理环境。此外，这类境外公司结构通常不受发起人股、国家股、法人股等传统分类及限制的约束，使公司所有股份均能在公开市场自由流通，进一步提升了资本市场的灵活性与吸引力。

（3）境外间接上市的审批程序

由于上市方案的不同，审批部门也有所差异。当企业选择通过买壳或造壳的方式实现境外上市时，其面临的审批流程相对简单。

①企业首先需向中国证券监督管理委员会提交一系列预审文件。比如，境外上市申请报告、地方政府出具的同意函、承销商（保荐人）的境外上市分析报告及推荐信，以及参与中介机构清单。证监会随后会与相关部门协商，并以函件形式通知企业其境外上市申请是否获得受理。

②证监会将针对企业的产业政策等问题，向国家行业主管部门及商务部征求意见，以确保上市行为的合规性。

③通过省级政府，企业需向商务部提交一系列设立股份有限公司的申请材料，包括但不限于：省级转报设立股份公司的函件、公司名称预核准通知、资产重组方案、公司章程草案、资产评估及确认文件、验资报告、土地使用权评估报告及其批复、发起人营业执照、募集资金使用可行性报告及投资项目批复、前三年财务审计报告与未来一年内盈利预测报告、关联交易协议、法律意见书等关键文件。

④获得商务部批准设立股份有限公司的批复后，发起人可依法召开创立大会，审议通过公司章程，并完成工商注册登记手续。企业领取营业执照后，标志着股份公司的正式成立。

⑤企业需向目标境外交易所提交上市申请，并将相关申请报表同步报送至证监会，以完成必要的监管报备流程。

⑥召开临时股东大会，审议通过新的公司章程，选举独立董事，并正式批准为社会募集股份有限公司，同时批准在境外上市的决定。

⑦企业需将一系列文件，如省级政府关于转报公司转为社会募集公司申请的函、股份公司营业执照、创立大会，以及临时股东大会决议、公司章程等，提交至商务部，申请公司转为社会募集股份有限公司。同时将相关文件提交至证监会，提出公开发行股票和上市的申请。

在获得商务部正式批复，确认公司已完成社会募集股份有限公司的关键性转变后，公司方已具备资格向证监会提交境外上市的正式申请。提交的文件应包括：商务部批复文件，包括公司设立的原始批复及转型为社会募集公司的最新批复；股份公司股东大会决议，特指关于公司境外募集股份及上市计划的明确建议或决议；资产评估与土地处理批复，包括资产评估结果的确认批复、土地评估结果的确认批复及土地使用权处理方案的批复；公司章程与招股说明书；关联交易协议与财务审计报告；由专业律师出具，针对公司境外上市的法律意见书、发行上市方案等。证监会将在收到上述全部文件后的十个工作日内作出审核和批复。

（五）境外上市股份减持

境外上市的企业需要遵循严格的监管规则和信息披露要求。因此，在决定减持之前，私募股权投资基金方需要制订详细的减持计划。这包括确定减持的股份数量、减持的时间窗口、减持的方式及减持后的资金安排等。同时，根据境外市场的相关规定，减持计划还需进行必要的披露和公告。

此外，对于涉及跨境交易的减持行为，私募股权投资基金方还需关注外汇登记和额度控制等问题。近年来，国家外汇管理局对 H 股“全流通”减持交易的外汇登记规则进行了调整，将登记时点由“事前”转为“事后”。这意味着私募股权投资基金方在减持前无须办理外汇登记，但减持后需在规定时间内完成相关登记手续。此外，券商也会根据业务登记凭证中的减持额度进行交易前端监控，确保交易不超出外汇额度。

第二节 股权转让退出

股权转让作为一种退出方式，其显著优势在于赋予了投资者高度的灵活性，允许其在任何时间点将其所持有的股权变现。相较于 IPO，股权转让退出方式具有操作便捷、成本低、适用性强的特点。尽管 IPO 以其对风险投资的高额回报潜力著称，但股票市场的承载能力终归有限，加之私募股权投资领域支持的企业数量庞大，在实际运作中，股权转让已逐渐成为另一种主流退出路径。

在美国，股权转让方式一直占据着绝对重要的地位，尤其在股市行情不好时更是如此。详细来说，股权转让退出可划分为两种形式：股权回购与向第三方出售。其中，向第三方出售涵盖了并购退出等多种具体形式，而管理层收购（MBO）是兼并收购中的一种常见模式。值得注意的是，当企业通过向上市公司出售股权并采用换股方式完成上市时，这种交易模式常被视作间接上市，与 IPO 的直接上市方式形成鲜明对比。

一、股权回购

股权回购指的是企业遵循既定程序与价格，从私募股权投资基金处买回其所持股份，从而退出投资的行为。此机制赋予了私募股权投资基金直接获取现金或可流通证券的能力，超越了单纯的期权范畴，实现了投资的迅速撤出。此外，股权回购的显著特点在于其仅涉及企业与投资方两方主体，产权关系清晰明确，操作流程相对便捷。此过程不仅实现了外部股权的全面内部化，还确保了企业独立性地位与资本的充足。依据回购主体的差异，股权回购可细化为管理层回购、员工回购（EBO）及企业直接回购三种类型。

（一）管理层回购

管理层回购的核心在于企业管理层主动收购私募股权基金所持有的企业股份。西方的管理层常采用杠杆式收购策略，即通过银行贷款或发行债券筹集资金完成收购，随后利用目标公司的经营收益来支付融资利息。管理层回购的计划往往在投资协议签署之初即已确立。此模式多见于现金流充足或能从金融机构顺利获取贷款的企业。然而，当企业现金短缺时，私募股权投资基金方也可能接受企业开具的短期至中期汇票作为替代支付方式，实质上相当于贷款。对于规模较小的企业，私募股权投资基金方在接受汇票的同时，可能会附加条件，要求管理层提供额外固定资产作为抵押担保。此外，管理层还可通过资产置换方式——以企业其他资产交换企业的股票，随后以租赁形式继续使用这些资产，以此实现回购目标。

（二）员工回购

企业员工集体回购私募股权投资基金方所持股份的行为叫作员工回购。此制度源自法国的职工持股制度，现已演变为全球企业常用的激励策略。员工购回股权以后，企业需设立员工持股基金，资金来源一般有两种形式，一是从员工薪水中定期扣除，二是企业的盈利。管理层回购与员工的回购行为并不冲突，可同时进行。

（三）企业回购

企业回购是指企业作为回购的主体，通过企业自身的融资渠道来收购私募股权投资机构的公司股权。其收购资金来源主要有两种：自有资本和未分配利润或公积金。如果公司使用自有资本回购自己的股份，则与减资无异。如果公司动用未分配利润或公积金回购股份，虽然资产负债表上的资产总额和净资产额等量减少，但资本额没有变化，则与减资有根本区别。类似于其他大陆法系的国家，我国在资本管理上也采取较为严格的态度，秉持着资本不变原则、资本充实原则及资本维持原则。“资本三原则”的实行，旨在保障债权人的权益。尽管法律在特定情况下允许公司适度减资，但在减资的财务门槛、股东会议的决策方式、公告和通知流程、债务的处理及担保措施、注册登记步骤、向股东返还资金的特定条件等方面的程序和条件也十分严苛。因此，公司以自有资本收购股权存在较多法律问题。由于公司可用的未分配利润或公积金相对于风险资本只是很小的部分，不具有购买风险资本在企业的股权的资本实力。这就造成以企业本身回购很难实现。因此，实践当中主要以 MBO 或者 EBO 的形式进行收购。

二、向第三方出售

向第三方出售指的是私募股权投资基金方将其持有的目标公司股权出售给非原始投资企业的第三方实体，以此实现资本增值与退出。这一策略在欧美市场尤为多见。数据显示，通过向第三方出售实现退出的项目数量远超通过上市退出的项目。向第三方出售退出策略具体可分为两大路径：一是把整个企业出售给另一家公司；二是将企业出售给其他投资者。前者通常涉及企业控制权的转移，当售出的股权达到控制企业的程度时，这通常被称为企业并购。这种收购行为的主体往往是实力雄厚的大公司，特别是拥有稳定现金流的传统上市公司，更倾向于收购具有盈利潜力和成长空间的新兴企业。此类并购不仅能助力上市公司维持或提升其股价，还能通过并购对象的利润增长作为新的业绩支撑点。此外，杠杆收购还为收购方带来了税收优惠（如债务产生的利息可抵税）和市盈率提升的双重效益，同时确保了对被收购企业资产与运营的全面掌控。在中国市场，拥有技术优势与稳定市场份额的企业成为欧美跨国公司的重点收购目标。这些跨国公司通过并购策略，不仅实现了对中国及亚洲市场的快速渗透，还促进了国际技术与产品的双向流动。具体而言，跨国并购的动机多样，包括但不限于获取关键人才、专有技术或知识产权，整合上下游资源以优化产业链布局；通过收购竞争对手来增强市场份额与盈利能力；通过收购供应商来降低成本，并确保货物充足；通过收购销售商来掌控销售渠道以提升市场响应速度与效率等。

鉴于上述收购方的复杂动机，私募股权投资基金方在筹划退出时，会采取广泛接触潜在买家的策略，旨在确保交易的成功率与收益水平。此外，利用中介机构也是一个不错的选择，但企业需深入了解中介机构的关系网络和技术水平，确保能够广泛吸引并筛选出高质量的竞标者。关于企业出售的具体方式，包括但不限于以股票换取现金、以股票交换汇票和以股票兑换股票等。无论采取何种交易方式，私募股权投资基金方作为重要的市场参与者，均会深度介入交易的谈判环节。值得注意的是，部分管理层可能出于保护企业或增进买家好感的考量，倾向于买主一方，甚至不惜在一定程度上牺牲投资者的利益，通过协助与说服投资者接受更为优惠的交易条件来促成交易。这是在企业出售过程中需要警惕并妥善处理的潜在风险点。当企业选择以换股方式实现出售时，便实现了间接上市。

第三节　清算退出

一、清算退出的概念

清算退出是私募股权投资基金方在经营不善或其他原因不能继续进行运营时选择退出的最终方式，可能是因为企业最终无法上市，或者管理人与基金份额持有人之间的利益相冲突等。清算是指企业存续终止并解散时，清算义务主体组织清算组依法对企业的资产与债务进行清理、评估、处理、分配，使其与其他主体之间的权利义务归于消灭的法律行为。

通常清算退出可细分为普通清算与破产清算两大基本类型。其中，普通清算作为一种企业自愿退出市场的机制，指的是在公司决定解散后，由公司内部——股东或股东（大）会指派的专门人员构成清算小组，遵循法律规定的严谨流程自行展开的清算活动。其触发情境多样，包括但不限于公司章程中预定的营业期限届满、股东（大）会出于特定理由的解散决议、公司既定目标的达成或无法达成而导致的解散，以及由国家授权投资机构或部门依职权作出的解散决定等。具体而言，这些情形包括公司的营业期限依照公司章程的规定已到期，或者章程中预设的其他解散事由、股东（大）会决策、公司组织结构调整（如合并、分立），以及因违法行为被行政机关强制剥夺营业资格，如被依法吊销营业执照、被责令关闭或被撤销等多种情形。破产清算则是一种处理经济破产时债务清偿的法律制度。具体而言，当债务人因各种原因丧失清偿能力时，法院将依法介入，通过强制执行债务人的全部财产来公平地清偿所有债权人的债务。虽然都是法人地位归于消灭，但是普通清算和破产清算的区别如下：①破产清算是以企业法人的财产不能清偿全部债务为条件，其资不抵债缺乏流动资金是其触发清算的必备要件。破产清算使债权人公平受偿。普通清算的原因是企业解散，在经由股东大会等解散事由触发后进行清算，清偿债务后剩余的资产必须向出资人进行分配；②普通清算不需要进入司法程序，而破产清算必须通过一定的司法程序进行。普通清算机制下，清算组成员通常由公司股东依照《中华人民共和国公司法》中的程序组建而成。相比之下，破产清算组需在人民法院裁定宣告企业破产之后，由人民法院依据相关法律条文精心组建。破产清算组成员不仅涵盖股东代表，还广泛吸纳国有资产管理部门、政府主管部门、证券管理部门等机关的力量，以及会计师、律师、评估师等具有专业资质与经验的专业人员。此外，法院对债权异议的细致审查、企业财产的合理变价及最终财产分配方案具有决定权。③普通清算主要适用的是《中华人民共和国公司法》《中华人民共和国全民所有制工业企业法》《关于依法做好外商投资企业解散和清算工作的指导意见》《中华人民共和国企业法人登记管理条例》等法律法规。而破产清算主要适用的是《中华人民共和国企业破产法》《中华人民共和国民事诉讼法》《最高人民法院关于审理企业破产案件若干问题的规定》等法律和司法解释。

二、清算退出的工作流程

（一）组织清算组

在人民法院裁定正式受理破产申请之际，应当随即依法指定破产管理人。破产管理人需定期向人民法院提交工作报告，并主动接受债权人会议及其下设的债权人委员会的监督与指导。破产管理人有义务列席债权人会议，就其在任期间执行职务的详细情况进行汇报，并针对与会者提出的疑问作出解答。破产管理人的选任范围广泛，既可由政府相关部门、机构成员组成的清算组担任，又可由依法注册成立的律师事务所、会计师事务所、专业破产清算事务所等社会中介机构承担。人民法院在考量债务人具体情形的基础上，通过咨询相关社会中介机构的意见，有权指定具备相应专业知识且已取得合法执业资格的人员作为破产管理人。破产管理人被赋予了以下核心职责：全面接管债务人的财产、印章、会计账簿、法律文件等关键资料；深入调查债务人财产状况，并据此编制详尽的财产状况报告；决定债务人的内部管理政策与事务；裁定债务人的日常运营开支及其他必要支出；在首次债权人会议召开前，审慎评估并决定债务人是否应继续经营或暂停营业；有效管理和妥善处置债务人的财产；代表债务人参与诉讼、仲裁程序及其他相关法律活动；适时提议召开债权人会议；履行人民法院认定的其他必要管理职责。

清算组一旦正式组建，即从成立之日起全面接管公司，并着手执行一系列核心清算任务，包括但不限于接管公司所有财产，处理公司未完成的业务事项，积极追收公司债权、清理并偿还债务，公平分配剩余财产，最终完成公司法人资格的注销手续及营业执照的吊销工作。

（二）通知债权人申报债权

在人民法院正式受理破产申请之后，需明确公告债权人进行债权申报的具体期限。此期限的计算开始于人民法院发布受理破产申请公告之日，最短不少于三十日，而最长不得超过三个月。对于尚未到期的债权，破产申请受理之时即视为已到期。对于附带利息的债权，自破产申请受理之日起，利息部分将停止累积计算。此外，无论是附条件或附期限的债权，还是仍处于诉讼、仲裁过程中未决的债权，其债权人均享有申报的权利。债权人需严格遵循人民法院所规定的债权申报期限，及时向指定的破产管理人提交债权申报材料。

（三）提出清算退出方案

清算组在完成对公司财产的清查、编制详尽的资产负债表及财产清单后，将据此拟订出清算退出方案。此方案需提交至股东会进行审议通过，或由相关主管机关予以确认。清算退出方案的核心内容涵盖清算的各项费用、依法支付的职工工资和劳动保险费用、公司应缴纳的税款，以及对公司债务的清偿等。

（四）对外投资与对外债权的清算

在企业对外投资的范畴中，通常涵盖项目投资、证券投资与股权投资三大类别。针对破产企业的项目投资清算工作，首要任务是详尽掌握项目具体状况。这包括深入分析相关法律文书、核实破产企业对该项目的实际资金投入、评估项目实际运营状况，以及确认投资各方对投资协议的履行状态等。随后，应委托具备资质的评估机构，对该项目及破产企业在此项目中的投资权益进行专业评估。基于评估结果，清算小组将依据法定程序对该项目投资采取清算措施或实施有偿转让其投资权益。

在破产企业的证券投资清算过程中，需预先明确几项关键信息：证券投资的权属证明状况、证券所有权的确切归属、当前投资状态、投资总额及投入时间节点。处理此类投资时，必须严格遵守国家关于证券交易的法律法规。

对于破产企业的股权投资清算，其涉及的主要形式包括与第三方合资成立新公司及独资设立子公司。前者的清算工作需全面审查被投资企业的注册登记资料、其他股东投资状况及企业的财务状况，包括资产负债情况。股权投资的处置不可简单采取变卖或拍卖方式，而应依据法律程序严格进行股权转让。至于对独资子公司的清算，不仅需掌握其基本注册信息、财务状况、生产经营状况及经济效益，还要决定子公司资产能否及怎样合理并入破产企业进行统一清算。

至于对外债权的清算，其核心任务有两点：一是甄别并确认真正的对外债权，剔除不实债权；二是对已确认的债权采取有效措施进行追讨。这一过程通常遵循一系列的严格程序与步骤。首先，由清算组内的会计师对破产企业的应收账款进行详尽审计，并编制成清晰可查的账簿；随后，清算组律师依据该账簿，通过访谈破产企业法定代表人或相关知情人，深入了解每笔应收账款的生成背景及支撑证据；最终，律师团队将根据审计报告及收集的证据材料，撰写破产企业对外债权确认报告，并依法提交至法院。

破产企业追讨对外债权的流程如下：首先，全面掌握债务人的基本信息；其次，对未知债务人展开详尽的背景调查；再次，针对已知债务人，精准核算债务金额，编制详尽清单，并依法向法院提出财物偿还申请；最后，向债务人正式送达偿还通知书。此外，细致记录每一步追债行动，以备后查。

（五）破产债权的申报与审核

在破产清算过程中，债权申报与审核环节尤为关键。这一环节中，律师的职责举足轻重。通常，债权人需向法庭递交申报请求，而清算组需对所申报的债权进行细致的审核。这包括核对债权的期限、诉讼时效、凭证真实性及数额准确性等，在此基础上编制详尽的破产债权申报清单。待全面审核完毕后，将出具详尽的破产债权审核报告及权威的破产债权确认报告。

（六）分配剩余财产与终结清算

清算组在支付完破产费用后，若还有剩余资产，将依据股东出资比例进行二次分配。分配终结后，清算组需精心编制清算终结报告，并将其提交至股东大会或上级监管机构进行认证。经认可后，方可向相关部门申请注销公司法人资格，同时吊销营业执照。

若破产者名下无足够财产可供分配，专职管理人需向法院提出申请，请求法院裁定终结破产程序。管理人还需在最终分配活动完成后，迅速向人民法院提交详尽的破产财产分配报告，并正式提请法院作出终结破产程序的裁定。人民法院在收到管理人提交的终结请求之日起的十五日内，应依法作出是否终结破产程序的裁定，并对外公告裁定结果。若裁定终结，管理人需在裁定生效后的十日内，携带人民法院的终结裁定，前往破产人的原始登记机关办理注销登记手续。管理人办理完毕注销登记之日的次日，其职务即宣告终止，除非存在尚未裁决的诉讼或仲裁案件。若破产财产总额不足以偿还破产费用，管理人应及时向人民法院提出终结破产程序的申请。人民法院自接收该申请之日起十五日内，应依法裁定终结破产程序，并对外公告裁定内容。值得注意的是，自破产程序终结之日起的两年内，若出现以下情形之一，债权人有权依据相关规定，请求人民法院按照既定的破产财产分配方案进行追加分配。

①发现有依照《中华人民共和国破产法》第三十一条、第三十二条、第三十三条、第三十六条规定应当追回的财产的。

②发现破产人有应当供分配的其他财产的。但财产数量不足以支付分配费用的，不再进行追加分配，由人民法院将其上缴国库。

破产人的保证人和其他连带债务人，在破产程序终结后，对债权人依照破产清算程序未受清偿的债权，依法继续承担清偿责任。

附录　私募股权投资基金纠纷案例

私募股权投资基金作为资本市场的重要组成部分，近年来发展迅速，但随之而来的是出现了一系列的纠纷与风险。本章将分别介绍被投公司高管是否对私募股权投资者损失承担责任——某投资中心与某体育公司巨额资金出借、私募基金清算程序完成之前投资者损失能否被认定——某投资集团有限公司等与周某某其他合同纠纷案、基金管理人应承担哪些义务——刘某与基金管理人合同纠纷案、以私募基金为名实施非法集资犯罪——苏某某等人非法吸收公众存款案、私募股权投资基金合规经营——某投资管理有限公司行政处罚案。

附录一　被投公司高管是否对私募股权投资者损失承担责任——某投资中心与某体育公司巨额资金出借案

一、案情简介

某投资中心（有限合伙）参加某体育公司“A+ 轮”及“B 轮”融资，先后出资数亿元人民币成为该体育公司股东。投资结束后，该体育公司高管成员雷某某、高某某、周某某在未经股东会决议和董事会合法授权之下，违反公司章程及法律规定向关联公司——L控股公司提供超 40 亿元巨额借款，最终致使涉案体育公司经营严重困难。涉案体育公司随后在 2016 年度发生巨额亏损，现金流不足以偿还负债，商业信誉急剧下降，给股东造成了巨额损失。基于此，涉案投资中心委托律师对雷某某、高某某、周某某、马某某提起诉讼，要求赔偿损失共计 1 亿元人民币，并支付为本案所支出的财产保全费、财产保全保险费等。

二、被告各方观点

（一）雷某某观点

1. 案涉借款安排决策程序合法

涉案投资中心提供的 2016 年 4 月 11 日版本的涉案体育公司章程（以下简称“B 轮章程”）第十八条规定：该章程通过后的第一次董事会应在涉案体育公司取得反映该章程所载修订的工商营业执照后的一个月内召开。而该章程所载的股东变更情况等修订事项，因为部分国有企业、基金投资公司等股东内控和签章审批手续较为冗长，且 B 轮融资新增股东之一某咨询有限公司因自身原因无法出资并退出等情况，导致公司迟至 2016 年 11 月 24 日才通过工商变更登记。

也就是说，即使要按照 B 轮章程约定召开董事会，最早的时间是在 2016 年 11 月 24 日之后。然而，此时涉案体育公司与 L 控股公司之间的资金拆借已经发生，L 控股公司也已偿还部分款项。因此，涉案投资中心提供的 B 轮章程对于本案而言没有任何实际意义，涉案体育公司及包括答辩人在内的涉案体育公司的高管成员、董事不可能按照该章程规定履行案涉借款安排的内部审批流程及相关手续。

事实上，涉案体育公司将款项出借给 L 控股公司的行为符合 2015 年 10 月 15 日签署的涉案体育公司章程（以下简称“A+ 轮章程”）的规定。A+ 轮章程第十五条第三项规定，董事会有权审定公司的经营计划和投资方案。涉案体育公司出借款项给 L 控股公司显然属于该项职权范畴。2016 年 3 月 25 日，涉案体育公司以电话会议方式召开临时董事会。为了提高账面资金使用效率，参会的五名董事一致同意涉案体育公司给予 L 控股公司 40 亿元人民币借款，借款期限一年，其中 20 亿元借款年化利率 7.83%，另外 20 亿元借款年化利率 7.2% 的借款安排（以下简称“案涉借款安排”）。

根据 A+ 轮章程第十七条规定：董事会决议的表决方式为一人一票，董事会对所议事项应由二分之一以上的董事表决通过方为有效。时任七名董事中的五名董事参会，一并同意案涉借款安排，该份“临时董事会决议”合法有效。因此，案涉借款安排不违反《中华人民共和国公司法》第一百四十八条第一款第三项的规定。

2. 雷某某在整个借款过程中没有任何过错

首先，雷某某不能对案涉借款安排造成实质影响。自涉案体育公司成立之初至 2017 年 10 月 16 日期间，涉案体育公司的公章、合同章、银行 U 盾（key）等重要财务印鉴全部由 L 控股公司保管和控制，涉案体育公司在工作过程中需要使用上述印章和 U 盾时，必须提前向 L 控股公司申请。

案涉借款安排也是如此，涉案体育公司与L控股公司关于该笔借款的出借与偿还均通过向L控股公司财务总监等财务负责人申请，款项实际借出与偿还均非雷某某个人意志可以控制。相关邮件仅仅抄送雷某某进行知会，雷某某并没有审批权，部分邮件甚至没有抄送雷某某。因此，无论是决定案涉借款安排，还是后续款项往来的落地，作为涉案体育公司首席执行官（CEO）的雷某某均无法控制。作为时任CEO的雷某某仅为职业经理人，当时也不是涉案体育公司的法定代表人，更不分管财务，并没有权力控制涉案体育公司的公章、财务章，没有权力决定重大合同的签署，其仅仅是依据公司章程和劳动合同的规定履行职业经理人的职责，执行涉案体育公司董事会的重大决策。

其次，案涉借款安排是正常商业行为。自涉案体育公司成立之日起，作为控股股东的L控股公司为涉案体育公司提供了如频道、知识产权、担保等方面的资源，为涉案体育公司的发展作出了重要贡献，又考虑到资金拆借利率高于市场利率，故涉案体育公司在当时无法拒绝L控股公司的资金拆借要求，案涉借款安排符合常理。

在涉案体育公司决定于2016年3月将款项出借给L控股公司之际，直接目的是提高账面资金使用效率，只不过后期由于L控股公司及其实际控制人贾某某个人的原因，导致还款逾期。对涉案体育公司而言，案涉借款安排是正常的商业交易，不可避免地会存在商业风险，但不能因为出现逾期还款的商业风险，就认定当初进行该等商业安排的董事、CEO存在过错，需要对股东承担赔偿责任。

最后，涉案体育公司及雷某某想方设法解决案涉债务。案涉借款安排发生后，涉案体育公司及雷某某就积极向涉案控股公司及其实际控制人贾某某催款。雷某某多次安排涉案体育公司财务人员、业务人员向L控股公司催还借款，对于已经偿还的款项有重大贡献。对于未能偿还的借款，雷某某也通过债务重组等方式积极努力解决，已经尽到了职业经理人的职责。

3. 本案是涉案投资中心重组涉案体育公司未获成功后提出的恶意诉讼

涉案投资中心的负责人为柯某某，在案涉借款发生时属于涉案体育公司时任董事之一，且参与了2016年3月的临时董事会会议，并同意前述借款安排。倘若涉案投资中心认为作为董事的雷某某损害了涉案体育公司的利益，柯某某也同样损害了涉案体育公司的利益。基于柯某某是涉案投资中心委派的董事，直接后果是作为股东的涉案投资中心没有权利提起本案诉讼，其全部诉讼请求应予驳回。事实情况是，由柯某某提出的重组涉案体育公司的方案未获得大部分股东的同意，其为了阻挠涉案体育公司的其他重组计划而恶意提起本案诉讼，具体阐述如下。

涉案投资中心提起本案诉讼为股东直接诉讼，本质上为侵权诉讼，应当符合侵权诉讼的基本构成要件，即加害行为、损害事实、加害行为与损害事实之间有因果关系、行为人主观上有过错。

如前所述，无论是作为董事，还是作为CEO，就案涉借款安排而言，雷某某均没有加害行为，也不存在主观上的过错。以下就损害事实不存在，以及涉案投资中心主张的所谓加害行为与损害事实之间不存在因果关系阐述意见。

涉案投资中心主张的损害事实为，案涉借款安排致使涉案体育公司经营严重困难，2016年度发生巨额亏损，现金流不足以偿还负债，商业信誉下降，经营持续恶化，股东权益严重受损；其主张的计算依据为《B轮股东协议》中约定的B轮投后估值（即《2016年度审计报告》记载的2016年底涉案体育公司净资产）。上述主张没有任何法律和事实依据，理由如下。

其一，一个公司的经营好坏，是市场大环境、公司业务领域、公司经营管理水平等多方面主、客观因素叠加所致，公司某一具体商业行为（如案涉借款安排）不能直接导致公司经营的好坏，更不能从公司一时经营状况的好坏判断公司价值的贬损或增值。何况，涉案投资中心也未在本案中提供任何证据证明案涉借款安排导致涉案体育公司经营持续恶化、商业信誉下降。

其二，涉案投资中心计算损失的依据为B轮投后估值减去现时估值（即2016年底涉案体育公司净资产）。首先，2016年底涉案体育公司净资产作为该公司的现时估值，是涉案投资中心的主观臆断，没有任何依据；其次，《B轮股东协议》中载明的投后估值仅为当时股东根据一定的估值方法协商确定的，是各股东之间达成的协议，是否能够公允地反映涉案体育公司当时的市场价值，存在极大的不确定性；最后，无论何时对一个创业公司进行估值，都是基于其未来上市而言的，估值与公司本身在某一个时点的价值高低并不能完全等同。

可见，涉案投资中心提出的本案主张不符合一般侵权行为构成要件，未能提供基本的证据证明其主张，纯属恶意诉讼，理应予以全部驳回。

4.即使涉案体育公司存在损失，也不能按照持股比例将损失分派给股东

公司财产的权利人是公司不是股东。《中国人民共和国公司法》第三条规定："公司是企业法人，有独立的法人财产，享有法人财产权。"该规定明确了公司全部财产的权利归属。所谓"独立的法人财产"，即该财产为公司独自拥有，其他任何人机构，即使是本公司股东对公司财产也不具有任何权利。这是《中国人民共和国公司法》的一个基本原则，公司财产与股东财产各自独立，绝不允许混同，股东以出资为限承担有限责任，公司以自身全部财产对公司的债务承担责任。

涉案投资中心持有的是公司股权不是财产权。《中国人民共和国公司法》第四条规定："公司股东依法享有资产收益、参与重大决策和选择管理者等权利。"可见，公司股东所谓的财产性权利只是"资产收益权"，也就是可以依法取得分红，而不是直接从公司取走财产，更不能把公司财产损失直接等同于股东财产损失。将公司财产混同于股东财产，正是《中国人民共和国公司法》所严格禁止的行为。《中国人民共和国公司法》第五条规定："公司的合法权益受法律保护，不受侵犯。"如果依照涉案投资中心的诉讼请求支持其所谓的损失，反而侵犯了涉案体育公司的合法财产权。因此，涉案投资中心对涉案体育公司不具有财产权，对涉案体育公司财产损失不具有请求权。

即使存在侵权，被侵权人也并非涉案投资中心。如前所述，即使存在损失，本案侵害的权利客体也是"涉案体育公司出借给L控股公司且尚未偿还完毕的债权，进而导致涉案体育公司经营持续恶化"，侵害的是涉案体育公司的权益，而非涉案投资中心持有的涉案体育公司股权。换句话说，即使涉案投资中心主张的损失成立，被侵权人是涉案体育公司而非涉案投资中心。涉案投资中心与侵权人之间根本不存在可构成侵权行为与损害结果的因果关系，其不具有侵权纠纷诉讼原告的主体资格。

综上所述，涉案投资中心的诉讼请求不符合法律规定，其不具有诉讼主体资格；且其诉讼主张没有任何证据和事实依据，属于恶意诉讼。

（二）高某某观点

1. 请求法院驳回涉案投资中心的起诉，因为原告主体不适格

股东代表诉讼的最终目的是保护公司利益，而不是保护股东利益。而且根据前置程序，应当先向公司监事提出起诉的请求，如果监事不起诉，股东才可以起诉，原告并没有证据证明进行过此程序。本案即便董事会决议存在瑕疵，也是对涉案体育公司造成的"损失"，对涉案投资中心没有造成任何损失。

2. 请求驳回原告诉讼请求

第一，借款协议已经经过董事会决议授权，符合公司章程规定。

第二，借款行为是公司之间的正常商业行为，没有给涉案投资中心造成任何损失。L控股公司向涉案体育公司借款，约定了利息，也有还款行为。同时，因为公司周转的客观情况，逾期还款非常普遍，L控股公司也在积极偿还余下借款，借款行为没有给涉案体育公司造成损失。

第三，高某某是挂名法定代表人，所有重要的商务行为、催款行为等邮件都没有抄送给高某某。高某某没有过错，董事会决议是董事会集体作出的，并不是高某某个人意志。

第四，涉案投资中心损失计算是主观臆断，没有法律和事实依据。

（三）周某某观点

1. 周某某不是本案适格被告

涉案投资中心依据《中华人民共和国公司法》第一百四十八条第一款第三项、第一百五十二条的规定提起诉讼，须以被告为涉案体育公司董事、高级管理人员为前提。

《中华人民共和国公司法》第二百一十六条规定："高级管理人员，是指公司的经理、副经理、财务负责人，上市公司董事会秘书和公司章程规定的其他人员。"涉案体育公司章程也未对高级管理人员作出特别规定。因此，涉案体育公司的高级管理人员仅限于公司的经理、副经理、财务负责人。

另根据涉案体育公司章程的相关规定，董事由股东会选举产生，总经理、副总经理由董事会聘任和解聘，财务负责人（首席财务官）由董事会任命。

周某某于 2015 年 4 月 8 日起担任涉案体育公司财务部的财务副总监一职，为普通员工，且没有股东会、董事会出具的相关任命 / 聘任文件或者决议。因此，周某某不属于公司的董事或高级管理人员，不是本案适格被告，涉案投资中心起诉周某某完全没有事实和法律依据。

2. 涉案体育公司提供案涉借款已经董事会决议的合法授权

根据涉案体育公司 2016 年 3 月 25 日形成的董事会决议，L 控股公司提供案涉巨额借款已经过董事会的合法授权。本次董事会会议应到董事七人，实到董事五人，符合法定人数，且涉案投资中心作为投资方之一，其委派的董事柯某某也签字同意决议事项。因此，本次董事会决议完全符合涉案体育公司章程的相关规定，决议内容合法有效。

鉴于此，涉案体育公司向 L 控股公司提供案涉借款已经董事会决议的合法授权，涉案投资中心以违反公司章程为由起诉周某某，缺乏事实和法律依据。

2. 涉案投资中心与本案无直接利害关系，不具备本案原告主体资格

根据《中华人民共和国公司法》的相关条款，涉案投资中心在投资成为涉案体育公司的股东后，其权益受到法律保护。《中华人民共和国公司法》规定，股东享有资产收益、参与决策和选择管理者等权利，同时有权按照实缴出资比例分取红利。然而，在公司运营过程中，若出现如涉案体育公司向 L 控股公司提供借款等行为，这首先是对涉案体育公司的直接损失，虽然间接影响了涉案投资中心作为股东的利益，但并未直接侵犯其财产权益。从法律角度来看，涉案投资中心与该借款行为之间并未构成直接的利害关系。因此，依据《中华人民共和国民事诉讼法》的相关规定，涉案投资中心并不符合原告的主体资格要求，即"原告是与本案有直接利害关系的公民、法人和其他组织"。这表明涉案投资中心无法以原告身份提起诉讼。

（四）马某某观点

马某某从始至终不在涉案体育公司任职，与本案没有任何关系。请求法院先行裁定驳回对马某某的起诉，并且马某某保留对因原告恶意提起本案诉讼、恶意对马某某财产进行财产保全而导致的损失另案进行索赔的权利。

三、原告观点

（一）被告雷某某、高某某、周某某负有相关责任

被告雷某某、高某某、周某某违反法律及公司章程规定。向关联方L控股公司提供借款，损害了原告利益，应承担赔偿责任，且原告主体适格，理由如下。

1. 被告违反公司章程及法律规定，向关联方L控股公司提供借款

依据2015年4月27日修订并经各股东签署生效的A+轮章程第八条规定："公司股东会由全体股东组成，是公司的权力机构，行使下列职权、相关法律及本章程规定的其他职权：……（十二）公司与其任何股东、董事、管理人员、员工或其他内幕人员及该等人员的任何家庭成员或关联方之间进行的任何交易（包括签署、修改或终止与关联方之间签署的任何协议）。"第九条规定："股东会会议原则上由股东按照认缴出资比例行使表决权，但本章程或股东之间另有约定的除外。受制于本章程的其他有关规定……本章程第八条第（十二）项至第（十七）项规定的股东会表决事项，必须经代表过半数表决权的股东同意通过，其中应包括A轮投资方股东及A+轮投资方股东的同意。"第十五条规定，公司董事会应由七名董事组成，即四名原股东提名的董事，以及由涉案投资中心与另外两个投资中心各提名一名董事。第十七条规定："董事会对股东会负责，行使下列职权、相关法律及本章程规定的其他职权：……（五）在公司年度预算之外，批准公司发生任何超过500元万人民币的债务或支出（无论是单笔或通过一系列相关的交易）。"第十八条规定，董事会决议的表决，实行一人一票。除本章程第十七条及股东另有约定外，本章程规定的应由董事会决议的事项，必须经全体董事过半数同意方可通过，且本章第十七条第（一）款至第（五）款规定的事项应由董事会决议的事项还需包括第十五条规定的包括涉案投资中心在内的三个投资中心的董事的同意方可通过。

第三人涉案体育公司向其关联方L控股公司出借款项，依据A+轮章程规定，须经代表过半数表决权的股东同意通过，且其中还应包括A轮投资方股东的一致同意通过。L控股公司作为涉案体育公司的控股股东，二者之间拆借资金应经股东会按公司章程规定的表决程序表决通过后方可实施。除此之外，第三人涉案体育公司在年度预算之外，发生任何超过500万元人民币的债务或支出（无论是单笔或通过一系列相关的交易），须经全体董

事过半数同意，且还需投资方股东的同意方可通过，或经共同书面批准同意。

另外，应当注意的是，从目前已经提供的借款和委贷合同签署时间看，合同签署时间均在B轮融资之后。B轮融资后的董事、高管应依据B轮融资后现行有效的公司章程通过相关程序决定是否继续履行，不应在未经新股东会及新董事会的有效决议下按照原股东会或原董事会的决议（不论是否有效）履行相关职务。

被告雷某某作为涉案体育公司董事及高级管理人员、被告高某某作为涉案体育公司法定代表人及董事、被告周某某作为涉案体育公司财务负责人，未经涉案体育公司股东会合法合规授权，向关联方L控股公司提供超40亿元巨额借款；未经涉案体育公司董事会合法合规授权，在年度预算之外，发生超过500万元的支出，违反了公司章程规定；三名被告未尽忠实义务和勤勉义务，违反涉案体育公司章程规定，在未经股东会及董事会同意的情况下，将公司资金借贷给他人，违反了《中华人民共和国公司法》的规定。

2. 被告将涉案体育公司巨额资金出借给L控股公司侵害了原告合法权益

原告涉案投资中心经与涉案体育公司分两次签署《A+轮融资协议》与《B轮融资协议》后，通过实缴出资3.5亿元人民币，持有第三人涉案体育公司股权，成为涉案体育公司股东之一，并在A+轮融资后B轮融资前委派董事一名。自2016年4月起，被告雷某某作为涉案体育公司董事及高级管理人员，被告高某某作为涉案体育公司法定代表人及董事，被告周某某作为涉案体育公司的财务负责人，在未经第三人涉案体育公司股东会与董事会合法授权之下，违反公司章程及法律规定向L控股公司提供超40亿元巨额借款；截至2017年6月，第三人涉案体育公司仍对L控股公司享有超20亿元借款债权，最终致使第三人涉案体育公司资金不足，2016年度发生巨额亏损，现金流不足以偿还负债，商业信誉下降，经营严重困难，并持续恶化。原告作为涉案体育公司的股东，股东权益严重受损，具体如下。

第一，第三人涉案体育公司的企业估值明显减少。第三人涉案体育公司的企业估值经各投资方合理确认，真实有效。

依据《B轮融资协议》约定，B轮融资后第三人涉案体育公司的企业估值为21 877 235 148.6元。

《B轮融资协议》中明确规定，对于涉案体育公司未来可能进行的股权融资活动，如增资、发行转债或认股权等，但不涵盖已获股东会或董事会批准的员工股份期权计划，原股东需遵循一定的估值准则。具体而言，他们不得以低于基准综合估值的价格向任何外部实体转让或以其他方式处理其所持有的公司股份。此基准估值，是由A+轮与B轮的基准估值综合而来的。若投资方书面同意涉案体育公司采用低于此基准估值的融资方式，他们将拥有权利（此权利由各投资方分别独立行使）要求涉案体育公司（及/或原股东）采取所有必要的行动来抵消因低估值融资所带来的股权摊薄效应。除此之外，第三人涉案体育公司及原股东均在《B轮融资协议》上签字盖章确认，且三名被告均未提供证据表明第三人涉案体育公司及原股东在《B轮融资协议》上签字盖章表示存在瑕疵。依据《中华人民共和国民法通则》第四条规定："民事活动应当遵循自愿、公平、等价有偿、诚实信用的原则。"第三人涉案体育公司及原股东对B轮融资时涉案体育公司的企业估值为21 877 235 148.6元人民币是承认的。因此，B轮基准估值真实、合法、有效，且B轮融资时第三人涉案体育公司的企业价值应不低于B轮基准估值。

第三人涉案体育公司的企业估值是经合理、科学的方法确认的。被告辩称，企业估值为各投资方协商议定，不具有参考价值。但A+轮投资人与B轮投资人均是具有多年丰富投资经验与较大规模投资管理经验的投资人，是否会无理由且不合常理地随意高估被投资目标价值，或者浪费较多的资金去投资企业价值较小的企业。依据正常的商业逻辑与常识判断，以投资为主营业务的投资人是不会这样做的。因此，被告的辩称是不合逻辑的。

第二，涉案投资中心股东权益明显受损。首先，涉案体育公司的A轮和B轮融资是私募股权投资；其次，涉案投资中心投资涉案体育公司的目的是涉案体育公司成功上市，从而获得股权溢价。这里"溢价"的取得是根据涉案投资中心的投资金额及综合企业估值结果折算占股比例确定的。

依据《A+轮融资协议》与《B轮融资协议》，各投资方对涉案体育公司开展股权投资的唯一目标是通过扶持涉案体育公司做大做强主营业务成功上市，进而取得股权溢价并从中获取利润，对此《A+轮融资协议》与《B轮融资协议》中均有明确约定，也因此各投资方才向涉案体育公司投资巨额资金。对于《A+轮融资协议》与《B轮融资协议》的内容，被告雷某某、高某某作为签署人之一非常清楚。原告作为私募股权投资机构投资涉案体育公司成为涉案体育公司股东，不同于涉案体育公司的原始股东。原告投资涉案体育公司股权的目的是通过股权价值获取投资利润。本案中三名被告违反法律规定，违反公司章程规定，将涉案体育公司资金出借给关联企业，致使涉案体育公司经营困难，并持续恶化。涉案体育公司的企业价值持续降低，直接导致第三人涉案体育公司股权价值大幅度减少，直接损害了涉案投资中心的利益，损害了涉案投资中心投资金额所占股权比例的价值。

B轮融资后，涉案投资中心投资涉案体育公司共实缴出资3.5亿元人民币，持有涉案体育公司4.14%股权。涉案体育公司基准估值为21 877 235 148.6元人民币，对应的价值为905 717 535.15元人民币。但被告雷某某、高某某、周某某，违反公司章程及法律规定，违反融资协议，将涉案体育公司资金用以给关联方提供巨额借款，最终导致涉案体育公司资金短缺，利润大幅下滑，最大估值和对应的估值也大幅减少。涉案投资中心预计提供的6亿元人民币，并非系因涉案体育公司正常运营失利导致，其主要原因与直接原因是三名被告违反公司章程规定，违反法律规定，违反融资协议，将涉案体育公司主营业务所需资金拆借给关联方L控股公司所致。涉案投资中心作为涉案体育公司投资股东，其享有的股权占比虽没有变化，但其代表的价值却大幅减少。被投资的涉案体育公司股权是涉案投资中心的权利凭证，也是股权获利的利润来源，更是其投资的实质载体，三名被告的违法违规出借资金行为，最终导致涉案投资中心享有的股权价值大幅折价，股东权益直接受损。

第三，涉案投资中心利益受损是三名被告故意侵权导致。

被告雷某某、高某某及周某某作为涉案体育公司的董事、高级管理人员及财务负责人，在未经涉案体育公司股东会及董事会合法授权的情形下将40亿资金出借给关联方L控股公司，显然是违反了《A+轮融资协议》与《B轮融资协议》，以及A+轮后公司章程的规定，未尽忠实义务和勤勉义务，违法违规情节严重，且其借款行为也偏离了涉案体育公司的主营业务范围。

同时，涉案投资中心提供的证据9中的“鉴于”部分显示：出借方、借款方及双方实际控制人贾某某于2016年6月签署了《担保和借款框架协议》。根据《担保和借款框架协议》约定，出借方同意在B轮融资资金到位后，在借款方资金紧张时，在其能力范围内为借款方提供资金支持。由此可明确得出结论：被告雷某某、高某某、周某某刻意挪用融资资金，明知损害了涉案投资中心作为股权投资人的利益却仍出借融资资金，直接损害了作为投资人的原告的合法权益；其辩称作出借款行为是为盘活公司账面资金、获取投资利益，没有事实根据与合法证据。

涉案投资中心同时声明：将保留适时追究三名被告挪用资金罪的刑事责任。

3. 原告主体适格

第一，原告主体适格的法律及理论依据。原告作为通过私募股权投资方式进入涉案体育公司的投资股东，依照前述被告雷某某、高某某、周某某的违法违规放贷行为侵害了原告的合法权益的陈述，可得知。

本案中三名被告违反法律规定，违反公司章程规定。将涉案体育公司资金出借给关联企业，致使涉案体育公司经营困难，并持续恶化，企业价值持续降低。涉案体育公司股权价值大幅度减少，直接损害了原告的股东利益，三名被告应承担赔偿责任。原告特依据《中华人民共和国公司法》第一百五十二条的规定，“董事、高级管理人员违反法律、行政法规或者公司章程的规定，损害股东利益的，股东可以向人民法院提起诉讼”，向法院依法提起诉讼，原告主体适格。

原告辩称，在投资基金业务繁荣的时期，广大投资人如果对某一目标企业开展了私募股权投资。但被投资目标企业的董事、高级管理人员及财务负责人违法违规经营被投资目标业务，肆意损害投资人股东权益，并且在被投资目标企业沦落到无法正常运营时，董事、高级管理人员及财务负责人以离职为理由，或以其损害的是公司利益而非股东利益，股东无权对其提起诉讼为由，主张其违法违规行为可不承担任何责任，这是法律的公平正义价值所不允许的，也是包括原告在内的广大投资者所不能接受的。

根据《中华人民共和国公司法》立法沿革我们可以看出，2004 年及之前的《中华人民共和国公司法》不承认“刺破公司面纱”制度，也不承认公司股东享有诉“公司董事、高级管理人员及财务负责人”的权利。随着我国改革开放的深入与中国特色社会主义市场经济的发展，2005 年全国人民代表大会常务委员会审议通过的《中华人民共和国公司法》将“刺破公司面纱”制度与公司股东享有起诉“公司董事、高级管理人员及财务负责人”权利写入《中华人民共和国公司法》，规定“公司股东滥用公司法人独立地位和股东有限责任，逃避债务，严重损害公司债权人利益的，应当对公司债务承担连带责任”“董事、高级管理人员违反法律、行政法规或者公司章程的规定，损害股东利益的，股东可以向人民法院提起诉讼”；并将“公司董事、监事、高级管理人员的资格和义务”独立成章。这彰显了我国从立法上对“公司董事、监事、高级管理人员的资格和义务”的重视，显现出我国对“公司董事、监事、高级管理人员的资格和义务”监管也越来越严格。如今考虑到私募股权投资的特性，投资人向被投资目标企业投入资金成为投资股东，其最终目的是为取得股权溢价并成功退出，被投资目标企业的股权是投资人投资的载体与获得利润的来源。如果被投资目标企业因正常的运营失误导致股权价值及企业价值受损，这实际上是原告等作为私募股权投资人的投资失利；但如果是被投资目标企业的董事、监事、高级管理人员故意损害公司财产，损害公司价值及股权价值，则其理应向股权投资人承担赔偿责任，这也是《中华人民共和国公司法》的修法目的和立法本意所在。

现行有效的《中华人民共和国公司法》第一百五十二条规定：“董事、高级管理人员违反法律、行政法规或者公司章程的规定，损害股东利益的，股东可以向人民法院提起诉讼。”此规定不同于《中华人民共和国公司法》第一百五十一条规定的股东代表诉讼。文义解释是法律适用时的基本解释方法之一，也是最基本的解释方法与首选的解释方法。因此，在法律规定股东享有直接起诉公司董事、监事、高级管理人员的权利且法律文本规定无歧义时，无须采取历史解释或目的解释等解释方法。

根据原告上述提供的证据及事实说明，被告雷某某、高某某、周某某的行为显然直接侵害了原告作为涉案体育公司的股东合法权益，原告依法享有对被告雷某某、高某某、周某某直接提起诉讼的权利，原告主体适格。

第二，类似案例依据。依据北京市第一中级人民法院于2012年10月22日就某一损害股东利益责任纠纷上诉案”作出的判决书：“依照《中华人民共和国公司法》第一百五十二条‘董事、高级管理人员违反法律、行政法规或者公司章程的规定，损害股东利益的，股东可以向人民法院提起诉讼’的规定，损害股东利益责任纠纷是指公司董事、高级管理人员违反法律、行政法规或者公司章程的规定，损害股东利益，应当对股东承担损害责任而与股东发生的纠纷，目的是防止发生公司董事、高级管理人员的道德风险，侵害公司股东的利益。董事、高级管理人员侵害股东利益是一种侵权行为，民事责任的承担以董事、高级管理人员违反法律、行政法规或公司章程的规定为前提。”由此可以看出，对于公司董事、高级管理人员侵害股东利益的，股东享有对公司董事、高级管理人员直接提起诉讼的权利。

综上，本案原告针对三名被告直接侵害原告股东权利提起诉讼，诉讼主体适格。

（二）被告雷某某应当承担赔偿责任

被告雷某某作为涉案体育公司董事，违反法律、章程向关联方L控股公司出借巨额资金，应依法承担赔偿责任。具体内容如下。

1. 被告雷某某向L控股公司出借资金违反法律规定与章程规定

首先，被告雷某某提交的简版A+轮章程非A+轮融资后涉案体育公司实际运营所依据的公司章程，其实际采用的是各股东于2015年4月27日签署的A+轮章程。

其次，根据原告提供的经公证的补充证据，第三人涉案体育公司给予L控股公司借款安排的董事会决议为倒签，即先实施了借款行为，之后才要求投资方各董事签署批准文件，这证明案涉借款安排决策程序违反公司章程，属无效行为。

再次，第三人涉案体育公司向关联方出借款项，依据A+轮章程规定，不仅需要经超过半数有表决权的股东同意，而且需要经投资方股东一致同意方可通过，但被告未提供相关的股东会决议文件。因此，案涉借款安排决策程序不合法。

最后，质证阶段雷某某辩称，依据工商备案的简版A+轮章程第十七条规定，第三人涉案体育公司给予L控股公司借款安排的董事会决议已经五名参会董事一致同意，时任董事共七名，按一人一票表决规则，表决结果已超二分之一，决议有效且合法。但第三人涉案体育公司实际运营所依据的是各股东于2015年4月27日签署的A+轮章程，非简版A+轮章程。依据A+轮章程规定，第三人涉案体育公司向其关联方L控股公司出借款项，不仅需要经代表过半数表决权的股东同意通过，同时还需投资方股东一致同意通过。L控股公司作为涉案体育公司的控股股东，二者之间拆借资金应经股东会按公司章程规定的表决程序表决通过后才可实施。第三人涉案体育公司在公司年度预算之外，董事会批准公司发生任何超过500万元人民币的债务或支出，除须经全体董事过半数同意，还需经投资方股东的一致同意（或经共同书面批准）方可通过。因此，案涉借款安排决策程序不合法且无效。

2. 被告雷某某将涉案体育公司巨额资金出借给L控股公司存在过错

首先，通过被告雷某某提供的证据证明，第三人涉案体育公司作为公司法人主体的独立性已丧失，被告雷某某作为涉案体育公司的实际负责人，应保证涉案体育公司独立、合法合规运营。当公司独立性缺失时，应及时采取解决措施并向股东会及董事会汇报，被告未针对此情形采取行动，违反了法律规定和公司章程的规定，被告雷某某作为涉案体育公司高级管理人员及董事应对此承担责任。

其次，被告提供的公证书显示，涉案体育公司与L控股公司的资金拆借邮件均发送或抄送给了被告雷某某及L控股公司实际控制人贾某某，且内容是以请示被告雷某某批示的语气发送，这表明被告雷某某对资金拆借事宜不但清楚明晰，而且具有实际的决定权。由此看出，被告雷某某作为涉案体育公司的高级管理人员及董事和实际负责人，对此事不论从章程而言还是从法律上而言，均负有积极的作为义务；但被告雷某某却在涉案借款发生时采取不作为的行为方式，存在明显过错。

再次，被告雷某某辩称，部分拆借资金的邮件没有经过他手，但在资金拆借邮件未发送或抄送给被告雷某某后，2016年6月8日被告周某某发送给L控股公司段某某的邮件特意通知段某某资金调配邮件需发送被告雷某某。这足以说明，被告雷某某对于涉案体育公司与L控股公司之间的资金拆借事宜完全知情，且是同意积极配合的。

最后，被告雷某某辩称从未回复过相关邮件，但其作为公司最高管理人员，对于公司如此大金额的资金拆借事宜明知却不实施积极管理职责，更证明了被告雷某某在整个借款过程中存在重大过错。还需说明的是，被告有没有回复资金拆借邮件均是其一面之词，原告有充分理由怀疑被告故意隐瞒了其回复的邮件及其内容。

3. 案涉借款安排非正常商业行为

首先，案涉借款安排在未经股东会及董事会合法授权下实施，整体存在违反法律和公司章程的规定的情形。

其次，根据原告提供的《借款协议》，“出借方、借款方及双方实际控制人贾某某于2016年6月签署了《担保和借款框架协议》”，而且《担保和借款框架协议》约定，“出借方同意在B轮融资资金到位后，在借款方资金紧张时，在其能力范围内为借款方提供资金支持”，表明该资金非正常商业行为。

再次，被告雷某某明知违反法律及公司章程，却仍违法、违约实施借款行为。

最后，根据被告提供的公证书，也可以证明案涉借款安排不是正常商业行为，而是蓄意挪用涉案体育公司投资者投资资金的行为。

综合上述四点，可证明涉案体育公司将巨额资金出借给L控股公司并非被告雷某某所称的“提高账面资金使用效率”的行为，而是非正常的商业行为。

综上，被告雷某某应承担因其违法违规向关联方L控股公司发放贷款导致原告股东权益受损的赔偿责任。

（三）被告向关联方出借资金程序违法违规

依据A+轮章程规定，涉案体育公司向其关联方L控股公司出借款项，须经代表过半数表决权的股东同意通过，且其中还应经A轮投资方股东及A+轮投资方股东的一致同意通过。L控股公司作为涉案体育公司的控股股东，二者之间拆借资金应经股东会按公司章程规定的表决程序表决通过后，方可实施。

三名被告向L控股公司出借资金，辩称其是依据“董事会决议”授权后合法合规作出的借款安排，但依据章程规定，首先是向关联方出借资金董事会无权作出决议；其次是即使董事会有权决定，对于发生任何超过500万元人民币的债务或支出（无论是单笔或通过一系列相关的交易），除须经全体董事过半数同意外，还需包括涉案投资中心在内的三名投资方股东的一致同意才有效，三名被告依据的“董事会决议”仅有涉案投资中心董事一人签字，其余两名投资方董事均未签字，在此属无效。因此，不论涉案投资中心董事是否在董事会决议上签字，董事会决议对于案涉借款安排均不具有效力，三名被告案涉借款安排违法违规。被告对涉案投资中心董事的指责实质上是混淆法律关系，暂且不论这份董事会决议形成过程的瑕疵，在没有公司章程规定的其他投资方董事签署的情况下，涉案的这份董事会决议依然不符合公司章程，各被告不能依据这份公司章程违法行事。

（四）被告马某某对夫妻共同债务承担连带责任

依据《最高人民法院关于适用〈中华人民共和国婚姻法〉若干问题的解释（二）》第二十四条的规定：“债权人就婚姻关系存续期间夫妻一方以个人名义所负债务主张权利的，应当按夫妻共同债务处理。”；被告马某某为被告雷某某之妻，应对被告雷某某的债务承担连带责任。因此，被告马某某系本案的适格被告。

（五）被告高某某对借款造成的损失承担赔偿责任

第一，被告提供的公证书能证明被告高某某为涉案体育公司高级管理人员，其知悉涉案体育公司的重大事项，且参与其中，而非其辩称的“挂名法定代表人”。

第二，在法律中不存在“挂名法定代表人”概念。

第三，被告高某某作为涉案体育公司的法定代表人及董事，积极参与将涉案体育公司的巨额资金违法违规出借给关联方L控股公司的事宜，并在出借过程中起主要作用，导致原告涉案体育公司的股权价值严重受损，应对此承担相应的赔偿责任。

（六）被告周某某对案涉借款损失承担赔偿责任

周某某在涉案体育公司的身份，既要看劳动合同，也要看实际履行职责中的实际身份。2017年修正的《中华人民共和国会计法》第三十六条规定："各单位应当根据会计业务的需要，设置会计机构，或者在有关机构中设置会计人员并指定会计主管人员；不具备设置条件的，应当委托经批准设立从事会计代理记账业务的中介机构代理记账。"财务负责人并不一定是财务总监，各单位可以根据需要指定会计主管人员。通过被告雷某某提供的第二组证据，以及被告提供的公证书内容可证，周某某直接对涉案体育公司实际负责人雷某某负责，周某某直接参与了涉案体育公司与L控股公司之间的资金拆借，在涉案体育公司财务部门周某某是部门负责人，因此是涉案体育公司的财务负责人，是本案适格被告。

案涉借款未经股东会及董事会合法授权，被告周某某积极参与将涉案体育公司资金出借给关联方的程序，应赔偿原告遭受的股权价值损失。涉案体育公司将巨额资金出借给关联方L控股公司，被告周某某在未收到涉案体育公司股东会及董事会的合法授权的情况下，积极参与案涉借款安排违规出借程序，最终导致原告股东利益受损，应对原告承担赔偿责任。

四、案件结果

法院经审理后认定，雷某某、高某某在涉案体育公司担任董事一职，属于涉案体育公司的高级管理人员。对于周某某是否属于高级管理人员，法院认为，涉案体育公司章程未对高级管理人员作出明确规定，周某某虽担任公司的财务副总监，但鉴于该公司章程对其身份未明确规定，故其不属于公司法规定的高级管理人员，不受《中华人民共和国公司法》第一百四十八条及一百五十二条规定的约束。马某某与雷某某是夫妻关系，也非涉案体育公司的工作人员或管理人员，故其也不属于公司法规定的高级管理人员的范围。

对于涉案投资中心提出的公司董事雷某某、董事长高某某在其持股期间存在违反公司章程为L控股公司提供40亿元借款的行为，确定上述人员是否存在违反公司章程规定的行为是本案的关键问题。

根据2015年4月27日各方签署并通过的涉案体育公司修订的公司章程（A+轮）规定：公司与其任何股东、董事、管理人员、员工或其他内幕人员及该等人员的任何家庭成员或关联方之间的任何交易（包括签署、修改或终止与关联方之间签署的任何协议）需要经过股东会同意。本案中，根据查明的事实能够确认雷某某、高某某在担任涉案体育公司的董事期间，涉案体育公司向L控股公司提供40亿元借款的事实。虽然该借款行为是基于涉案体育公司的临时董事会所形成的决议内容而为，但鉴于涉案体育公司与L控股公司存在关联关系，该决议内容仍应当经由股东会讨论通过，故借款行为本身违反了公司章程的规定。但就本案中涉及的雷某某、高某某是否违反公司章程的规定（即未按公司章程规定召开股东会讨论）签署了关联交易合同，需要结合公司章程、股东知情权、异议权、表决权及召开临时股东会议的权利综合分析判断。根据A+轮公司章程的规定，股东会定期会议每年召开一次。在股东权益的代表中，持有超过十分之一表决权的股东、超过三分之一董事及监事提出召开临时会议的提议时，必须立即召开该会议。股东会由董事会负责召集，若董事会无法或拒绝履行职责，则由公司监事会接手并主持。若监事会也不行动，那么持有超过十分之一表决权的股东有权自行组织并主持会议。本案中，未有证据表明雷某某、高某某存在侵害涉案投资中心知情权、异议权、临时股东会召开权、表决权等行为，故不能将股东会未召开审议涉案关联交易仅仅归结为个别董事的责任。但高某某作为董事，同时也是涉案体育公司的法定代表人，在明知涉案协议未经股东会讨论的情况下，还参与签订了涉案体育公司与L控股公司借款协议，其行为违反了公司章程中第八条的相关规定。对于雷某某、高某某主张本案应以在工商管理机关备案的公司章程为依据的意见，因备案章程与涉案投资中心提交的章程在内容上不一致，备案章程中仅有涉案体育公司的印章，无其他股东确认内容，而涉案投资中心所提供的公司章程中有全体股东的签字确认，且本案是损害股东利益责任纠纷，故应以涉案投资中心所提交的公司章程（A+轮）为依据，故对于雷某某、高某某的该项主张法院不予采信。

在股东起诉董事、高级管理人员的案件中，应当以实际损害已经发生或必然发生为前提。对于本案涉及的40亿元借款，涉案投资中心主张上述借款致使涉案体育公司经营严重困难，给其造成损失。法院认为，根据《中华人民共和国公司法》第四条的规定："公司股东依法享有资产收益、参与重大决策和选择管理者等权利。"根据《中华人民共和国公司法》第三十四条的规定："股东按照实缴的出资比例分取红利。"涉案投资中心在向公司完成出资、成为公司股东后，只能依据公司法及公司章程的规定享有分取红利、分配剩余财产等股权权利，即公司财产与股东财产相分离。但股东的财产权益能否实现还需取决于公司的经营管理效益，故当董事、高级管理人员在违反法律、行政法规或公司章程的规定实施了直接损害股东利益的行为时，股东方可通过诉讼的方式维护自身合法权益。而在本案中虽然存在涉案投资中心所主张的董事高某某违反公司章程的行为，但其后果首先是导致涉案体育公司的债务增加。造成债务不能清偿有诸多原因，且即便不能清偿，也仅构成涉案体育公司的损失，仅是间接损害了涉案投资中心作为股东的利益，而与涉案投资中心自身财产权益之间并不存在直接的因果关系。涉案投资中心以其享有涉案体育公司的“股权比例”为依据，要求雷某某、高某某赔偿其损失，混淆了“损失”承受的主体，也违反了股东仅以其出资承担“有限责任”的基本原则，故该项诉讼请求没有法律依据，应予驳回。

综上所述，法院判决驳回原告涉案投资中心的诉讼请求。

五、案件典型意义

私募股权投资基金行业发展的一个痛点是投资人无法容忍项目实际控制人、项目管理层失去信用，置商业精神于不顾侵害投资人利益。私募股权投资基金方如何看“人”与投“人”是一个大学问。本案对私募股权投资基金行业的影响是巨大的，因此行业内很多相关人员都希望通过司法裁判规范私募基金行业发展中的“道德风险”，但结果很遗憾。不解决上述问题，委托代理制下的公司治理模式就始终不能解决职业经理人的“道德风险”问题。

附录二　私募基金清算程序完成之前投资者损失能否被认定——某投资集团有限公司等与周某某其他合同纠纷案

一、案情简介

2016 年 6 月，某资产管理有限公司（以下简称“J 资管公司”）作为某投资集团有限公司（以下简称“J 集团”）的子公司，发起设立了一项私募基金。J 资管公司同时担任该基金的管理者，招商证券则承担基金的托管职责。依据签订的《私募基金合同》，该基金专注于向其合伙企业（M 公司）进行投资，而 M 公司将所获资金用于对 Z 公司的股权融资。

在基金的推广阶段，J 集团分发了若干宣传资料。受到这些资料的吸引，周某某签署了《风险揭示书》，并和 J 资管公司、招商证券签订了相关合约，购买了该基金的份额。随后，J 集团向周某某发出了《资金到账确认函》，确认了周某某的购买行为，并承诺会提供后续服务。接着，招商证券依照 J 资管公司的指导，将资金转账给了 J 集团的全资子公司作为销售服务费用，并向 M 公司支付了大笔资金。

2019 年 10 月 28 日，J 资管公司对外宣布，M 公司的管理者 G 公司及其实际控制人周某某有伪造交易文件的行为，并故意转移了基金资产。J 资管公司从 2019 年 10 月 20 日起就无法联系到对方，J资管公司已经向执法机关报告了这一情况，并且收到了警方的“受案回执”。

由于周某某未能回收其投资，周某某向法院提出诉讼请求：①终止《私募基金合同》；②J资管公司退还其投资款项及认购费用，并补偿资金占用期间的损失；③J集团与J资管公司共同承担赔偿责任。上海市浦东新区人民法院判决J资管公司赔偿周某某的投资损失、认购费损失及资金占用损失；J集团对J资管公司的赔偿责任承担连带赔偿责任。J资管公司和J集团均提出上诉。上海金融法院驳回了上诉请求，维持了原判。

二、被上诉人（原审原告）周某某观点

周某某对J资管公司、J集团的上诉请求均不同意，认为一审事实清楚，应予以维持。

尽管本案涉及的是基金投资，但相关基金份额已失去了其实际价值，导致上诉人主动停止了基金的清算程序，因此实际的损失已经形成；在本案中，周某某所追求的是基金合同下的违约责任，而两上诉人与第三方之间的刑事争议与本案的法律追究无关；一审法院已经确定两上诉人未能履行其作为管理人的职责，J资管公司关于损失不可避免的辩护缺乏合理依据；周某某在合同执行过程中并无任何过错，因此两上诉人无权要求减轻或免除其违约责任；退还投资款项是赔偿责任的具体表现方式，一审的判决内容并未超出周某某的诉讼请求；在本案中，基金的募集、管理及后续处理等事宜均由J集团实际操作，只是以J资管公司的名义对外公布，一审法院认定J集团作为J资管公司的代理人是有充分依据的。

三、上诉人（原审被告）观点

（一）J资管公司观点

一审法院裁定上诉人周某某遭受的损失已经产生，但在事实认定和法律适用方面存在显著错误。鉴于基金清算尚未结束，周某某的损失尚未实际产生，因此其要求J资管公司赔偿的基础并不存在，而且直接判决J资管公司赔偿损失可能会导致周某某获得重复的收益；即使认为周某某的损失已经实际产生，这一损失也是由于底层资产合伙企业的执行事务合伙人的欺诈行为所致，无论J资管公司采取何种措施都无法避免，与J资管公司在基金层面的行为没有因果关系；J资管公司无法预见上述损失的发生，也没有重大过失，并且已经对投资者履行了合理的救助义务，因此不应承担包括投资款、认购费和资金占用损失在内的全额赔偿责任；周某某在一审中的诉讼请求是解除合同和返还财产，而一审法院的赔偿判决超出了他最初的诉讼请求范围。

（二）J集团观点

一审法院的裁决不仅超出了周某某的诉讼请求，而且在法律适用上也存在错误。本案中的基金是直接销售而非代销，J集团并不是J资管公司的代理，而是母公司与子公司的关系，并没有资产混合的情况。此外，一审判决中指出J资管公司在基金的募集、投资和管理阶段严重违反了法定和约定的义务，但应当负责的行为主体是J资管公司；即便按照一审的认定，J集团构成了代理关系，也仅限于在资金募集阶段提供资金确认函，并在发现问题后与投资者进行了沟通，这些行为并不违法，不符合《中华人民共和国民法总则》第一百六十七条规定的情形，因此J集团不应承担连带责任。由于涉案基金尚未进行清算，本案应该暂停审理。

四、案件结果

一审法院查明事实：J资管公司直接向周某某销售了相关的私募基金。2016年6月，周某某作为投资人，与J资管公司（基金管理人）及招商证券（基金托管人）共同签订了《私募基金合同》，合同中的《风险揭示书》明确指出："基金管理人特别提醒以下风险：……（三）本基金具有高收益伴随高风险的特点；（四）本基金的主要投资目标是G公司作为执行事务合伙人所设立的M公司有限合伙人份额；……"周某某在《风险揭示书》的底部签了名，表明其已经充分理解并接受了该项目的所有风险，并愿意自行承担投资该基金所面临的所有风险，包括个人风险承受能力与基金风险等级不匹配的风险（如果有的话）。《私募基金合同》中对投资策略的描述是，"本基金的投资目标"是在严格控制风险的基础上，通过投资有限合伙企业的份额，追求基金资产的稳定增长；"投资策略"是本基金的主要资金将投资于M公司；"基金的预计存续期限"是从成立之日起两年，根据基金的市场投资情况，基金管理人有权将基金的存续期延长一年。《私募基金合同》中关于"当事人及权利义务"的条款规定，基金管理人的职责包括以诚实守信、勤勉尽责的原则管理和运用基金资产，配备足够专业的人员进行投资分析和决策，以专业化的方式管理和运作基金资产，对基金投资范围内的投资标的进行详细调查，确保投资标的的合法合规，并办理必要的备案或其他法律规定的手续，如果违反合同导致基金资产损失或损害基金份额持有人的合法权益，应当承担赔偿责任。《私募基金合同》中"违约责任"部分规定，如果当事人违反合同，应当承担违约责任；如果给合同其他方造成损失，应当负责赔偿。

2016年6月20日，周某某向J资管公司支付了3 000 000元作为基金的认购款项，另外支付了30 000元的认购费用。2016年6月29日，J集团发布了《资金到账确认函》，其中指出：J集团投资理财顾问本着诚实守信的原则，向您推荐了"J智能制造2018私募股权投资基金”；周某某在2016年6月20日，经由J集团的推荐，主动认购了“J智能制造2018私募股权投资基金”；在该产品投资期间，J集团将与相关机构合作，积极为您处理该产品的后续服务事宜。”随后，J资管公司也发布了“确认函”，验证了周某某认购基金份额的资金为3000000元。2016年7月15日，相关的私募基金在中国市场投资基金业协会进行了备案，基金备案编号为SKXXXX，备案日期为2016年6月23日，该基金是在《私募投资基金监督管理暂行办法》实施后成立的，属于股权投资基金类型。

2016年6月23日，招商证券发布了《托管资金专户信息确认函》，证实了相关私募基金已经在招商证券开设了一个专门的托管资金账户（以下简称“托管专户”）。同一天，该私募基金的募集专用账户向托管专户转账了125 400 000元作为认购款项。2016年6月30日，该私募基金的募集专用账户再次向托管专户转账了107 650 800元作为申购款项。

2016年6月，J资管公司向招商证券递交了“划款指令”，指示招商证券在2016年6月23日之前，从相关私募基金的托管专户向M公司的募集账户转账123 895 200元。2016年6月30日，J资管公司再次向招商证券发出“划款指令”，要求在同年6月30日之前，从私募基金的托管专户向M公司的同一募集账户转账106 111 200元。招商证券遵循了这些“划款指令”，完成了相应的资金转账操作。

在2018年7月，J资管公司对外发布了一份公告，向相关私募基金的投资者通报：由于Z公司在2017年9月已经完成了借壳上市的程序，但截至目前M公司尚未能从Z公司中成功退出，因此M公司的管理人依据《合伙协议》的规定，决定将M公司的合伙期限延长十二个月，并进入退出阶段，在这个阶段内，M公司不会再参与任何新的项目投资。J资管公司作为基金的管理人，依据《私募基金合同》中“基金的预计存续期限为自基金成立之日起两年，根据基金的市场投资情况，基金管理人有权利将基金存续期延长一年”的条款，宣布该基金正式进入一年的延长期。

2019年6月10日，J资管公司对外发布了一项公告，向相关私募基金的投资者说明：基于专业化运作的考虑，该私募基金在基金合同期满后需要进行清算而不再延期。根据G公司之前的披露信息，M公司在基金存续期满之前无法完成清算工作。因此，J资管公司决定，该私募基金将在2019年6月底基金合同约定的存续期结束后，正式进入清算阶段。

2019年9月24日，J资管公司发布了一份关于退出进展的公告，向私募基金的投资者通报了以下情况：G公司在2019年8月28日声称，根据回款计划，合伙企业已经收到了3 400万元人民币，并且提供了M公司账户余额为34 001 855.67元的截图。但是，在9月18日、19日和20日，应入账的款项未能如期到账。为了维护所有投资者的利益，J资管公司已经多次与G公司进行沟通，并督促其尽快完成回款工作。

G公司在2019年9月24日出具了相关报告，在报告中披露了相关信息并作出了承诺：

……政策变动导致项目退出的延期，请求投资机构和投资者给予不超过六个月的筹资期限以完成项目的回购退出；将及时沟通资金回款情况，并确保第一笔回款不晚于2019年10月15日转入本基金的托管账户。J资管公司将继续与G公司保持沟通，并努力代表本基金直接与底层投资标的进行沟通和谈判，采取所有可能的措施来督促和实现项目回款。

2019年10月28日，J资管公司公布了一份《临时信息披露公告》，向相关私募基金的投资者通报了以下情况：在私募基金“M公司”的募集及运营期间，其基金管理机构伪造交易相关法律文书、银行资金流水记录、投后监督管理报告，以及虚构部分资金入账的银行网页与视频，以达到故意转移基金资产的目的。2019年10月20日，相关主体处于失联状态。鉴于上述行径可能触及刑事法律范畴，J资管公司已正式向公安机关提交报案材料，指控相关违法违规行为。公安机关随即于2019年10月25日对此案进行了立案侦查，并出具了“受案回执”。

一审法院还查明了以下事实：周某某提交的，经过J资管公司和J集团验证无误的证据，包括电话会议的录音文字记录、名片、视频片段等。这些证据显示，在2019年10月29日的电话会议录音文字记录中，“J集团产品投后部经理”介绍了相关情况，并记录了“J集团的投后人员和产品经理亲自查看了盖章版的代持协议”“这让J集团相信项目在正常运行”“J集团不断催促周某尽快还款”“在J集团层面，9月25日公布了退出进展”“2019年9月28日，J集团组织了全体投资人的电话会议”“J集团目前正在全力推进刑事侦查程序”。2019年11月13日，J集团执行总监邵某、特委会委员曹某与投资者进行了交流。根据国家企业信用信息公示系统公开的信息，J资管公司的注册资本为1 000万元，实缴资本为200万元。2016年6月23日，涉案私募基金的托管专户向某基金销售有限公司（以下简称“J基金销售公司”）支付了125.4万元的销售服务费。2016年7月4日，涉案私募基金的托管专户向J基金销售公司支付了107.4万元的销售服务费。根据国家企业信用信息公示系统公开的信息，J基金销售公司的唯一股东是J集团。

公安机关已经就G公司涉嫌的合同诈骗行为展开了立案调查。由于涉案的嫌疑人周某已经逃往国外，尚未被捕归案，因此截至本案审理完毕时，相关的刑事案件仍在侦查过程中。

在一审审理过程中，J资管公司和J集团提供了一份合伙协议作为证据，该协议是在2016年5月26日签署的。这份《合伙协议》的部分内容如下。

第一条“定义与解释”中明确规定，本基金的发起人和普通合伙人为G公司、H公司，本基金的管理人为G公司、H公司，执行事务合伙人为G公司，投资人指本基金的合伙人（包括有限合伙人和普通合伙人），基金规模指本基金投资人承诺认缴的出资总额35 002万元。

第九条指出，除非所有合伙人以书面形式一致同意，合伙企业除了进行股权投资并持有已投资的股权，不得开展任何其他业务活动。

第十一条规定，合伙期限为两年，从合伙企业募资结束之日起计算，根据投资情况，执行事务合伙人在书面通知所有有限合伙人后，可以将合伙企业期限延长一年。

第十三条列出了合伙人的出资方式、数额、缴付期限和认购比例，其中显示G公司和H公司的认缴出资额各为1万元，有限合伙人的认缴出资额为35 000万元。

第十五条要求，有限合伙人应根据本协议的约定，将认缴出资额实际支付至M公司指定的募集账户上。

第三十一条指定，执行事务合伙人为G公司，且同意指派周某为代表，根据执行事务合伙人的共同决定执行合伙事务。

J资管公司和J集团还提供了一份明M公司的银行对公账户对账单复印件。对账单显示，2016年7月25日，有一笔交易摘要的借方发生额为231 000 000元，用以证明G公司曾通知J资管公司,M公司已于2016年7月25日向J公司转账了231 000 000元。此外，J资管公司和J集团还提供了一张M公司在某银行的网页截图，显示M公司的账户可用余额为34 001 857.15元（该截图未显示具体的交易时间，也未记录银行名称），用以证明G公司曾告知J资管公司，M公司已于2019年8月收回了34 001 857.15元的投资款项。J资管公司已经确认，上述对账单和网页截图是G公司及周某伪造的。

J资管公司和J集团另外提供了一份《股权转让和投资协议》的复印件作为证据。协议中的主要条款包括：第1.1条约定，M公司同意按照本协议约定自J公司购买J公司持有的Z公司注册资本40 600 000元的股东权益，代表Z公司的3.5%的股权；第1.2条约定，转让所转让股权的全部价格为3.5亿元（转股交易对价）；第2.3条约定，在交割日，在J公司将2.2条中规定的文件全部提交给M公司后，M公司应将转股交易对价全额一次性划入J公司账户。J资管公司和J集团未提交《股权转让和投资协议》原件。

在二审过程中，周某某提交了以下证据：包含两页的“2016年度06月产品推介目录”，用以证实J集团所推广的私募股权投资基金产品与《私募基金合同》及J集团提供的资金到账确认函中的描述是一致的。

J资管公司在质证时表示，该证据并未附上公章，因此其真实性无法得到验证，同时指出周某某应在一审过程中提交此证据，但未能提交，故不应将其视为新的证据予以接受。

J集团在质证时也提出，无法确认该证据的真实性，且文件上显示的制作方为J投资集团，并非J集团本身。J集团还指出，该文件仅作为内部参考使用，其预定的读者群体为J集团旗下拥有销售资格的理财顾问，而非客户。即便理财顾问向周某某展示了该文件，也只能说明一月份计划销售的产品，并不构成正式的产品推介。

招商证券在质证时表示，无法验证该证据的真实性和合法性，并且指出该证据是在基金产品成立之前就已经形成的，因此对招商证券没有法律约束力。

针对“2016 年度 06 月产品推介目录”，由于周某某未能提供证据的原始文件，加之 J 资管公司和 J 集团均对该文件的真实性表示怀疑，二审法院决定不采纳此项证据。

经过审查，二审法院确认一审法院认定的事实是准确的，因此对一审法院的事实认定结果表示认同。

二审法院经过审理认为，本案的争议焦点主要集中在以下三个方面：①一审判决是否超出了周某某的诉讼请求；②在基金清算完成之前，是否可以确定周某某的损失已经实际发生；③ J 集团是否应当承担连带赔偿责任。

对于第一个争议焦点，周某某在一审中提出的诉讼请求包括解除《私募基金合同》，并要求返还投资款、认购费及赔偿资金占用的损失。其中，围绕两个独立法律诉求——解除合同与返还投资款及认购费，相应的法律事实为其提供了坚实的支撑。在法院审理过程中，依据双方辩论及提供的证据，对案件事实进行深入查证，结合当事人的诉求与已明确的案情，法院挑选了合适的判决依据，这一做法既未违背诉讼原则，又有效避免了重复诉讼，大大减轻了各方的诉讼压力。在一审判决中，基于私募基金募集、投资、管理过程中形成的合同关系，法院裁定两上诉人需承担相应的赔偿责任，且赔偿金额严格限定在当事人原始诉求范围内。对于两上诉人就此提出的异议，二审法院认为并不成立。

关于第二个争议焦点，J 资管公司和 J 集团提出，在基金清算尚未完成的情况下，周某某的损失尚未实际发生，因此不具备索赔的条件。周某某则认为，基金清算是 J 资管公司和 J 集团主动停止的，在当前法律审视的框架下，涉案基金份额已失去其固有的经济价值，实际损害也已显现。二审法院持如下观点：尽管基金清算结果是评估投资损失的关键依据，但并不是唯一指标，法庭裁决时也应综合考虑其他确凿证据，以全面、公正地界定损失。具体而言，依据 J 资管公司公开披露的《临时信息披露公告》及法庭审理中确凿的证据链，涉案基金资产不幸遭第三方非法侵占，此行为已构成刑事违法行为，而核心涉案人员迄今尚未缉拿归案。此外，《私募基金合同》明确指明，基金权益依托于 M 公司从 Z 公司所获得的股权收益。然而，现实情况是，M 公司并未依约达成获取 Z 公司股权的既定目标，导致基金合同所预期的权益基础荡然无存。进一步审视基金清算流程，《私募基金合同》预设了由清算小组统一接管基金资产、完成资产负债清理及剩余财产分配的明确流程。但当前局面显示，基金资产已游离于管理人掌控之外，清算小组也未能有效接管，致使清算进程陷入停滞状态。鉴于此，清算时限难以预估，且缺乏直接证据表明清算小组掌握有可供清算的实际资产。在此背景下，坚持待清算终结后再行确认损失，显然不符合实际操作逻辑。因此，一审判决审慎地认定了当事人的损失已趋于稳定，并以投资本金、认购费用及资金占用期间的利息作为损失计算的基数，同时灵活设定了后续清算中若被上诉人周某某获得赔偿，应在两上诉人的赔偿金额中予以扣除，符合损失填平原则，本院予以确认。

针对第三个争议焦点，即J集团是否应在本案中与J资管公司一同承担连带赔偿责任，二审法院持有以下观点：根据《私募投资基金监督管理暂行办法》的相关条款，基金管理方或其委托的销售机构在销售私募基金之前，必须对投资者进行详尽的资质评估。这包括对投资者的风险认知和承受能力进行深入分析，同时对私募基金进行风险等级划分。只有当投资者的风险识别和承受能力与基金的风险等级相匹配时，才会向其推荐相应的私募基金。此外，遵循基金业协会的《私募投资基金募集行为管理办法》，私募基金的推广是募集行为的关键环节。只有获得证监会授权的基金销售业务资格，且成为基金业协会认证会员的机构，才具备受托募集基金的资质。同时，从事私募基金募集业务的人员也必须拥有专业的基金从业资格证书。在本案中，J集团出具的"资金到账确认函"显示，"J集团投资理财师在遵循诚实守信原则的前提下"向投资者推荐了相关投资基金，投资者"通过J集团投资推介，自愿认购"了相关投资基金。《私募基金合同》中也明确指出了"销售服务机构收取销售服务费的账户信息"。一审审理过程中查明，J基金销售公司的唯一股东为J集团，销售服务费已于2016年7月转入了该公司账户。尽管J集团与J资管公司之间没有书面协议，且《私募基金合同》仅由J资管公司与周某某签署，但根据上述情况，J集团在相关基金的销售和募集过程中与J资管公司形成了实质上的代销关系。鉴于两上诉人在相关基金的销售过程中未能充分评估投资者的适当性，且J集团推介销售人员是否具备从业资格也存在疑问。因此，对于被上诉人在涉案基金投资过程中遭受的损失，应当承担连带责任。一审判决中依据《中华人民共和国民法总则》第一百六十七条作为两上诉人承担连带责任的法律依据，其适用法律是正确的。

此外，《私募基金合同》中规定，基金管理人应本着"诚实信用、勤勉尽责"的原则管理和运用基金资产，并"配备足够专业能力的人员进行投资分析和决策"，以及"对基金投资范围内的投资标的进行详尽调查"。同时，根据基金业协会的自律规则《私募投资基金管理人内部控制指引》，私募基金管理人应建立独立的内部风险控制机制，具备有效的组织结构和内部流程来管理风险。然而，在本案中，J资管公司作为基金管理人并未展现出应有的专业性和独立性。一审查明的事实显示，涉案的私募基金实际上由J集团进行实质性的管理。J资管公司和J集团确认的投资人电话会议记录等证据表明，在涉案基金投资股权的过程中，是"J集团的投后人员和产品经理亲自去现场查看"了代持协议，并且是由J集团的工作人员与案外人周某进行联系。两上诉人并未提供证据证明J资管公司在基金运作过程中专业、独立、尽责地履行了管理人职责。同时，基金资产被案外人侵占和转移，与J集团和J资管公司未能切实履行管理人职责有直接的因果关系。

因此，一审判决J资管公司和J集团对被上诉人周某某在投资中遭受的全部损失承担连带赔偿责任，其事实认定和法律适用是正确的。

五、案件典型意义

本案的核心意义在于深入探讨了私募基金清算程序完结前，投资者损失认定的关键问题。要想明确管理人的赔偿责任，首先要确定投资者的损失，这是必要前提和基础。传统视角普遍认为，仅当基金清算尘埃落定后，方能确切衡量投资者的损失，因而清算过程中的投资者索赔主张往往遭遇阻滞。然而，基金清算进程受阻或迁延不决，促使我们必须重新审视投资者损失认定问题。当前，大量案例表明，尽管基金清算还未完成，但是投资者损失也能被合理确认为已经确定，特别是当管理人涉嫌违约或存在过失的情况下。

回顾本案例，法院的裁决突破了既有法律框架，确立了在满足特定条件下，即便基金清算尚在进行中，投资者的损失也可视为已经确定。此判决不仅体现了司法实践的前瞻性，更是基于对多重因素的综合考量。

其一，依据管理人J资管公司发布的公告及一审确凿证据，基金资产遭遇案外人周某的非法挪用，案件牵涉刑事范畴，主要犯罪嫌疑人还未归案。其二，依据《私募基金合同》，基金本应基于M公司对Z公司的股权投资，然而M公司至今未能按约获得Z公司股权，合同约定的基金权益尚未实现。其三，结合基金合同中的清算条款，应由清算小组接管基金条款，进行财产清算及债权债务的确认，在此基础上分配剩余财产。然而，实际情况是，募集的基金资产已经不受管理人控制，清算小组也未能接管基金财产。也就是说，法院是从基金是否有可供清算的财产、基金合同约定的投资目的是否能够实现、基金财产是否仍有追回的可能性这三个维度，综合考虑后作出了判断。

（一）如何推定投资者的损失已经确定

在实际操作中，法院和仲裁庭在判断投资者损失是否已经确定时，通常会考虑以下几个关键因素。

第一，基金资产的清算可能性：如果基金资产存在清算和分配的可能性和途径，如管理人正在积极追索底层资产（通常表现为管理人追索底层资产的诉讼或仲裁正在进行中，或者正在等待执行结果），这意味着底层资产仍有可能产生回款，基金也有可能进行清算分配。

第二，底层资产债务人的状况：底层资产债务人的财务状况和经营状况会影响基金资产投资的底层资产是否有回款的可能性。如果底层资产已经失去价值、进入破产清算程序，或者执行难度大（如法院已经对基金投资的主体执行终结或者多次终结本次执行、主体被列为失信被执行人），这表明底层债务人的状况非常糟糕，回款的可能性几乎为零。相反，如果底层资产的债务人正处于破产重整阶段，这可能意味着债务人正在积极寻求恢复偿债能力，回款的可能性依然存在。

第三，管理人的运营状况和能力：管理人的主要工作人员失联、被刑事立案，或者管理人企业被注销、管理人资质被吊销等情况，都是管理人无法履行职责的明显迹象，在这种情况下，清算基金的可能性非常小。

第四，管理人是否积极履行清算职责：如果管理人明确拒绝履行清算义务，或者在清算过程中表现出明显的怠慢态度，导致基金清算工作无法进行，投资者的损失可能会被认定为已经确定。

这些因素共同构成了法院和仲裁庭评估投资者确定损失的依据。

笔者认为，将基金清算的完成作为判断投资者损失是否确定的唯一标准，可能会在无意中助长基金管理人逃避赔偿责任的行为。基金清算是基金管理人应承担的责任。当管理人故意不配合进行基金清算，或者故意拖延清算进程时，投资者往往无法独立启动清算程序。如果管理人不履行合同中约定的清算义务，甚至拒绝向投资者透露基金资产的真实情况，这些行为本身就构成了违约。在这种情况下，如果仍然坚持只有基金清算完成后才能确定投资者的损失可能会导致一种不良后果，即管理人通过阻碍清算程序而获得不当利益的负面激励。在本案中，法院的判决为投资者提供了一种在基金清算之前确定损失的可能性，这对于保护投资者权益具有重要意义。本案例的判决结果表明，在特定情况下，即使基金尚未完成清算，投资者也可以要求管理人承担赔偿责任。这一判决有助于推动私募基金行业的健康发展，提高管理人的责任感，同时也为投资者提供了更多的法律保护。

（二）在投资者的损失无法定损时，案件应如何裁判

在实践中，法院和仲裁庭在面对无法“确定”投资者损失的案件时，通常会采取以下几种处理方法。

第一，直接驳回请求：在大多数情况下，如果法院或仲裁庭根据现有证据无法在判决之日确定投资者的损失，它们会认为投资者要求管理人赔偿损失的依据不足，因此不支持投资者的索赔请求。

第二，驳回请求但保留索赔权利：在某些案件中，虽然法院或仲裁庭能够确定管理人的过错，但无法确定投资者的具体损失，它们可能会驳回投资者的赔偿请求，但在判决书中会指出，一旦投资者能够确定损失，或者有证据表明他们实际上无法从基金财产中获得任何剩余分配，投资者仍然可以另案提起赔偿请求。

第三，支持赔偿请求但不明确赔偿金额：在某些案件中，法院或仲裁庭可能会采取一种折中的方法，支持投资者的赔偿请求，但会对赔偿的范围进行限制。

除了前述的争议焦点，还有一种特殊情况需要考虑，即在法院判决管理人应承担赔偿责任之后，基金管理人从底层资产中收回了款项，这种情况下应怎样处理呢？

针对这种情况，可以参考北京仲裁委员会的处理方法，即先支持投资者的索赔请求，同时为管理人留下追偿和二次结算的可能性。2021 年，北京仲裁委员会发布的《私募基金纠纷案件裁判指引（2021 版）》中提出：①基金财产或底层资产已经没有价值、已经破产或难以执行（如法院已经对基金投资的主体执行终结或终本执行或多次终本执行）；②管理人未能及时获得针对投资标的的相关权利，如拟受让的股权未过户或投资合同被解除；③在基金管理过程中，出现管理人主要工作人员失联、被刑事立案或管理人企业被注销等情况，在基金未清算或未清算完毕时，仲裁庭仍然可以支持投资者的相应请求。同时，仲裁裁决中可以明确指出，一旦管理人向投资者承担了全额赔偿责任并实际履行后，如果投资者在后续的基金清算中获得了分配，管理人有权根据其赔偿金额向投资者主张相应的清算分配金额的权利。

附录三　基金管理人应承担哪些义务
——刘某与基金管理人合同纠纷案

一、案情简介

2015 年，刘某作为有限合伙人与其他合伙人及基金管理人共同签署了《合伙协议》，组建了一家有限合伙企业，旨在投资有发展前景的公司、企业或其他经济组织的股份和股权。然而，由于该基金成立时间较早，其合伙协议的条款并不详尽，对于基金管理人的责任和义务没有具体的规定。

2016 年上半年，该合伙企业向一家机械制造企业投资了 2 000 万元。但到了 2016 年年底，这家机械制造企业迅速进入了破产重整阶段。

对于向涉案机械制造企业的投资，基金管理人并未向有限合伙人刘某进行披露。直到 2018 年，基金管理人才在基金运作报告中透露：基金管理人在 2017 年年底对该投资项目进行了全额的资产减值损失计提。

刘某多次尝试通过发送信函和电子邮件与基金管理人沟通，并要求其对项目进行说明，但基金管理人对此置之不理，且相关基金也未进行清算。因此，刘某根据《合伙协议》的条款，向仲裁委员会提出了仲裁申请，要求基金管理人根据刘某的投资比例对其投资损失进行赔偿。

二、被申请人观点

第一，各方于2015年签订的《合伙协议》对于管理人的各项义务未作出细化约定。

第二，该机械制造企业投资在当年属于优质项目，并且基金管理人在投资过程中已经完成了尽职调查、审慎注意的义务。

根据《某机械制造企业投资建议书》、某会计师事务所出具的《财务审慎性调查报告》、某律师事务所出具的关于某机械制造企业的《法律尽职调查报告》、机械行业研究报告等拟证明在基金管理人决定投资某机械制造企业前，基金管理人已经就该机械制造企业项目作出了尽职调查，尽到了勤勉义务。

根据上述报告，基金管理人与各大券商、投行均看好该机械制造企业所属行业的发展前景，基金管理人作出的投资行为属于正常的商业行为，该单个投资项目损失属于正常商业风险。

第三，由于涉案基金至今未清算，且涉案基金目前存量的投资项目均未全部变现，故刘某不存在所谓的"投资损失"，其无权主张任何赔偿。

三、申请人观点

（一）基金管理人未依法依约履行信息披露义务

基金管理人未勤勉尽责履行管理人职责，且违反管理人适当性义务，严重损害投资者利益，应当赔偿刘某损失。

刘某在有限合伙企业出资占比40%，涉案机械制造企业项目亏损金额2 000万元，刘某对应损失金额为9 702 400元，该项目损失应自涉案机械制造企业破产之日起开始计息。根据《仲裁规则》的规定及有限合伙企业《合伙协议》的约定，基金管理人应承担刘某为本案所支出包括律师费在内的合理维权费用。

2018年5月4日，通过基金管理人邮件披露的2017年年度基金运作报告中记载"向涉案机械制造企业投资2000万元""鉴于涉案机械制造企业已申请破产重组，年末已作资产减值损失计提"，从而得知有限合伙企业投资了某机械制造企业项目，且已在2017年年末已作资产减值损失计提。

此外，刘某得知上述事实后，曾通过发送邮件、函件等形式多次向基金管理人提出异议，具体如下。

①刘某与基金管理人工作人员的聊天记录。2018 年 9 月 4 日，刘某通过聊天软件询问工作人员涉案机械制造企业项目是什么时间投的、谁负责投的、谁分管该项目等；工作人员曾任基金管理人监事会主席。

② 2019 年 1 月 24 日，刘某向基金管理人发送邮件，对管理人此前从未向投资者披露其投资涉案机械制造企业项目的过程提出异议，管理人没有任何答复或解释。

③刘某于 2020 年 3 月 26 日、4 月 1 日、4 月 3 日、4 月 10 日、4 月 17 日、4 月 23 日、5 月 15 日、5 月 22 日多次发函要求管理人就有限合伙企业投资涉案机械制造企业项目的全部投资情况进行汇报述职，管理人仅于 2020 年 3 月 31 日回函称其没有述职义务。

（二）基金是否清算并不是认定投资损失的唯一依据

在法院已判决的众多案件中，法院均认为在基金未清算的情况下，有其他证据足以证明投资损失情况的，人民法院可以依法认定损失。基金管理人披露的《该机械制造企业 2018 年年度基金运作报告书》载明：“对该机械制造企业 2000 万债权投资：该投资项目标的已于 2016 年 11 月进入破产重整程序，该机械制造企业已于 2017 年末对该项投资全额计提资产减值损失。”目前，该机械制造企业项目的 2 000 万投资已无法回款，投资损失已然确定。

四、案件结果

仲裁委员会查明：

2016 年 2 月 26 日，有限合伙企业购买机械制造企业电气信托理财产品 1 000 万元。2016 年 4 月 18 日，有限合伙企业购买机械制造企业电气信托理财产品 1 000 万元。至此，有限合伙企业完成了对机械制造企业项目的投资，共计 2 000 万元。

2016 年 11 月 22 日，某市中级人民法院作出民事裁定书，认为涉案机械制造企业作为债务人，不能清偿到期债务，且涉案机械制造企业表示公司由于经营不善，已经面临困境。故人民法院认为涉案机械制造企业不能清偿到期债务，且已经存在明显丧失清偿能力的可能，受理对涉案机械制造企业的破产重整申请。

2017 年 11 月 13 日，基金管理人的工作人员通过聊天软件将《有限合伙企业 2017 年三季度基金运作情况报告书》发送给刘某。《有限合伙企业 2017 年三季度基金运作报告书》载明了有限合伙企业的投资组合分别为某科技项目及某机械制造企业项目，其中某机械制造企业项目的投资规模为 2 000 万元。

2018 年 5 月 4 日，发件人林某通过邮件的方式向刘某发送了“有限合伙企业 2017 年、2018 年一季度基金运作报告书”，并且添加了两份附件，该附件的内容为基金管理人出具的《有限合伙企业2017年年度基金运作情况报告书》，载明了“有限合伙企业的投资组合分别为某科技项目及某机械制造企业项目，其中某机械制造企业项目的投资规模为2000万元。净利润为-4 651 313.93元。注：鉴于某机械制造企业已申请破产重组，年末已作资产减值损失计提。”该报告书的落款日期为2018年4月25日，基金管理人在庭审中对该报告书的真实性予以认可。

基金管理人于2019年4月30日出具了《有限合伙企业2018年年度基金运作情况报告书》，载明:“有限合伙企业的投资组合分别为某科技项目及某机械制造企业项目，其中某机械制造企业项目的投资规模为2 000万元。对某机械制造企业2 000万债权投资：该投资项目标的已于2016年11月进入破产重整程序，有限合伙企业已于2017年末对该项投资全额计提资产减值损失。2018年1月29日，市中级人民法院发布破产文书，作出了更换破产管理人的决定，将某机械制造企业的破产管理人更换为某律师事务所……据重组管理人函告，某机械制造企业已部分恢复生产，持续经营。此外，某机械制造企业重组无更新进展。该项投资或存在因债权确认困难、无法引进重组方、债权人会议无法通过重整方案等原因，使某机械制造企业进入清算程序，从而导致破产重组不成功，投资人或存在全额损失的风险。基金管理人后续将继续积极关注配合某机械制造企业重组进展。”

2020年3月26日，刘某向基金管理人出具《关于要求立即履行管理人职责的紧急通知函（一）（机密）》，载明“本人于2020年3月17日收到贵司邮件发送的《[定稿]有限合伙企业—某机械制造企业电气项目情况简述（2019年度）》《[定稿]有限合伙企业—某科技股权投资项目情况简述（2019年度）》等文件。贵司在《[定稿]有限合伙企业—某科技股权投资项目情况简述（2019年度）》中称：鉴于某科技股权投资项目目前涉及多起诉讼，有限合伙企业对某科技股权投资项目的剩余投资存在较大的损失风险，或无法顺利退出项目。本人自投资有限合伙企业及某企业以来，从未通过任何合伙人决议同意这两家合伙企业分别投资某机械制造企业项目、某科技项目等。自本函件发出之日前，本人已数次通过当面会谈、发送邮件等形式要求贵司就上述三个项目的投资情况述职。如贵司仍消极处理，未在通知的时间按要求述职，本人将采取进一步法律行动，包括但不限于要求贵司赔偿本人民事损失、要求贵司实际控制方及涉嫌侵占合伙企业利益的责任人承担连带责任、对涉嫌违法犯罪的相关人员提起刑事控告等，依法追究涉嫌违法犯罪者的法律责任！”该报告还要求基金管理人就涉案机械制造企业项目的全部情况进行汇报述职，对述职时间、地点、述职应携带文件等均作出了要求。

2020年4月1日，刘某向基金管理人出具了《关于要求立即履行管理人职责的紧急通知函（二）（机密）》，载明“……本人于2020年3月31日收到贵司作出的《回函》，称贵司无‘述职’义务。”

2020年4月3日，刘某向基金管理人出具了《关于要求立即履行管理人职责的紧急通知函（三）（机密）》。

2020年4月10日，刘某向基金管理人出具了《关于要求管理人说明与关联方之间涉嫌违法违规、利益输送等行为的紧急通知函（四）（机密）》。

2020年4月17日，刘某向基金管理人出具了《关于要求有限合伙企业管理人说明未尽义务、涉嫌违法违规等行为的紧急通知函（五）（机密）》。

2020年5月15日，刘某向基金管理人出具了《关于要求有限合伙企业管理人说明未尽义务、涉嫌违法违规等行为的紧急通知函（六）（机密）》。

2020年5月22日，刘某向基金管理人出具了《关于要求有限合伙企业管理人说明未尽义务、涉嫌违法违规等行为的紧急通知函（七）（机密）》。

上述共计七份紧急通知函均通过邮寄送达的方式送达给了基金管理人的相关负责人，大致内容和第一份紧急通知函的内容一致，均为要求基金管理人就有限合伙企业投资涉案机械制造企业项目作出述职，否则将要求基金管理人赔偿刘某损失等。基金管理人在庭审中对收悉上述通知函未提出异议，但认为对涉案机械制造企业的投资应当适用《2015年合伙协议》，故基金管理人没有向刘某“述职”的义务。

2020年4月23日，刘某向基金管理人出具了《关于要求更换管理人及其负责人并赔偿损失的紧急通知函（机密）》，载明：“本人持有并投资有限合伙企业的48.51%的财产份额，实缴投资金额4 500万元；贵司实际控制的基金管理人系上述三家合伙企业的普通合伙人及执行事务合伙人（GP）。在本人与贵司整体和解过程中，本人突然收到基金管理人发来的关于可能无法收回本人投资的书面通知。本人认为，基金管理人因未尽到GP职责等行为，给本人造成巨额损失无法收回。本人已连续多次就追究GP责任问题向基金管理人发函，但至今未收到任何回复。立即就上述三家合伙企业重新指派GP（如暂无法更换GP则应立即更换GP的负责人）并赔偿损失。请贵司于收到本通知函的3个工作日内落实上述事项并向本人书面复函。如贵司消极处理、未在通知的时间答复，本人将采取进一步法律行动，包括但不限于要求赔偿本人损失，要求责任人（包括负责人、财务、经办人员、管理人员等）及涉嫌侵占、损害合伙企业利益的责任人承担责任，对涉嫌违法犯罪的相关责任人提起刑事控告等，依法追究涉嫌违法犯罪者的法律责任！”

仲裁委员会另查明：基金管理人提交的2014年制定的《某机械制造企业投资建议书》列明了某机械制造企业的主营业务、投资亮点，以及2014年至2016年业绩预测等数据和分析。

仲裁委员会认为关于基金管理人谨慎勤勉、信息披露的义务。根据《2015年合伙协议》《2016年合伙协议》的约定，基金管理人均为有限合伙企业的普通合伙人及执行事务合伙人，同时担任基金管理人，负责组织基金的投资决策委员会、项目的尽职调查及日常管理等工作。在《2015 年合伙协议》中虽未对基金管理人的各项义务作出细化约定，但《私募投资基金监督管理暂行办法》第四条规定：“私募基金管理人和从事私募基金托管业务的机构（以下简称私募基金托管人）管理、运用私募基金财产，从事私募基金销售业务的机构（以下简称私募基金销售机构）及其他私募服务机构从事私募基金服务活动，应当恪尽职守，履行诚实信用、谨慎勤勉的义务。”第二十四条规定：“私募基金管理人、私募基金托管人应当按照合同约定，如实向投资者披露基金投资、资产负债、投资收益分配、基金承担的费用和业绩报酬、可能存在的利益冲突情况以及可能影响投资者合法权益的其他重大信息，不得隐瞒或者提供虚假信息。信息披露规则由基金业协会另行制定。”《中华人民共和国证券投资基金法》第九条规定：“基金管理人、基金托管人管理、运用基金财产，基金服务机构从事基金服务活动，应当恪尽职守，履行诚实信用、谨慎勤勉的义务。基金管理人运用基金财产进行证券投资，应当遵守审慎经营规则，制定科学合理的投资策略和风险管理制度，有效防范和控制风险。”仲裁庭认为基金管理人作为基金管理人的谨慎勤勉、信息披露的义务，不仅仅是合同约定的义务，更是法定的义务。

根据《2016 年合伙协议》的约定，“合伙企业不再单独设立投资决策委员会，由其管理人投资决策委员会负责该合伙企业资产的投资决策及退出有关的一切事宜的最终决策。除本协议另有约定外，管理人投资决策委员会对项目投资所作出的决议无须再报合伙人大会审议”“不执行合伙事务的合伙人有权监督执行事务合伙人执行合伙事务的情况”“任何合伙人均有权了解合伙企业银行账户内的资金及合伙企业的其他财产情况，并要求执行事务合伙人或基金管理人向其定期报告上述信息。基金运行期间，基金管理人应在每年结束之日起四个月内向投资者披露以下信息：（一）基金的财务情况；（二）基金的投资运作情况；（三）基金的投资收益及其分配情况；（四）基金的亏损情况。……发生以下重大事项的，基金管理人应按照本协议的约定及时向投资者披露：……（三）基金投资范围和投资策略发生重大变化的；……（七）影响投资者利益的其他重大事项。”虽然基金管理人决定投资某机械制造企业项目确实无须经过刘某的同意，但基金管理人作为专业的基金管理人，是合伙企业的信息披露义务人，应当遵循法定的勤勉义务，在作出投资决定之前应对拟投资的项目进行充分的调查、制定科学合理的投资策略、对投资风险作出恰当的预判及管理，在投资项目后也应当向投资者披露投资项目的重要信息包括但不限于基金的对外投资情况、基金的资产负债情况，以及基金的投资收益分配情况、涉及基金管理、基金财产的重大诉讼、仲裁等情况。刘某作为投资者及有限合伙企业的有限合伙人，虽不能直接执行合伙事务，但有权对基金管理人执行有限合伙企业合伙事务的情况进行监督、有权了解有限合伙企业的财产情况和投资情况。刘某在得知基金管理人投资某机械制造企业项目后多次向基金管理人发出通知，要求基金管理人就上述投资履行述职义务，否则将追究基金管理人的法律责任，要求其赔偿损失。但基金管理人未能在本案中举证证明，其已就刘某的要求向其履行了述职的义务、向刘某披露了相关投资的文件及情况，仅向刘某回函称基金管理人认为就某机械制造企业投资项目其没有向刘某述职的义务。

基金管理人在本案中提交了《某机械制造企业投资建议书》、某会计师事务所出具的《财务审慎性调查报告》、某律师事务所出具的关于某机械制造企业的《法律尽职调查报告》、机械行业研究报告等拟证明在基金管理人决定投资某机械制造企业前，基金管理人已经就该机械制造企业项目作出了尽职调查，尽到了勤勉义务。

但仲裁庭注意到以下四点：

首先，《某机械制造企业投资建议书》为2014年版、某律师事务所出具《法律尽职调查报告》的落款时间为2015年1月12日、某会计师事务所出具的《财务审慎性调查报告》的落款时间为2015年11月5日，且上述《法律尽职调查报告》明确载明，该报告所给出的调查情况截至2015年1月9日，而上述《财务审慎性调查报告》明确载明，该报告所调查的财务状况、经营成果及现金流量截至2014年10月31日，在该报告中还列明“投资方需重点关注的事项或风险点为某机械制造企业由于新建其电气生产线造成了重大资金压力，其资金用途未能予以落实，不排除有部分资金用于某机械制造企业业务扩张及市场开拓，可能对其成本费用的准确性造成一定影响”等风险点和注意事项，上述《法律尽职调查报告》《财务审慎性调查报告》的调查资料的收集时间点均在2014至2015年1月期间，而涉案机械制造企业的投资时间是2016年4月，距离调查的时间已过去了整整一年。

其次，上述《法律尽职调查报告》《财务审慎性调查报告》的委托方均为第三方，并非本案基金管理人，基金管理人不能以案外第三方公司尽职调查工作作为其投资某机械制造企业项目的前期准备工作。虽然基金管理人为第三方的执行事务合伙人及股东，但第三方的行为不能免除基金管理人作为基金管理人的职责。

再次，2016年11月，涉案机械制造企业进入破产重整程序，此时距离基金管理人的投资行为仅有七个月的时间。基金管理人在2019年4月30日出具的《有限合伙企业2018年年度基金运作情况报告书》提示称：“某机械制造企业重组无更新进展。该项投资或存在因债权确认困难、无法引进重组方、债权人会议无法通过重整方案等原因，使某机械制造企业进入清算程序，从而导致破产重组不成功，投资人或存在全额损失的风险。基金管理人后续将继续积极关注配合某机械制造企业重组进展。”仲裁庭认为，刘某的投资资金受损与基金管理人未能在涉案机械制造企业项目投资之前尽到勤勉义务存在因果关系。

最后，根据仲裁庭查明的事实，涉案机械制造企业于2016年11月22日进入破产重整程序，2017年末有限合伙企业对资产减值损失计提，但直到2018年5月4日，基金管理人才通过《有限合伙企业2017年年度基金运作情况报告书》向刘某告知涉案机械制造企业的上述亏损情况。刘某自2020年3月26日至2020年5月22日，多次书面要求基金管理人按照《2016年合伙协议》的约定进行述职，对涉案机械制造企业项目的相关投资情况进行披露及提供相应的书面文件，否则将追究基金管理人的法律责任，要求其赔偿损失，但基金管理人未切实履行相关职责。

综上，仲裁庭认为，基金管理人作为专业的基金管理人，未能秉承投资者利益优先的原则，在明知某机械制造企业存在投资风险的情况下，没有在投资前对某机械制造企业进行合理的尽职调查，仍然径直决定投资某机械制造企业，对于投资者的损失具有明显的过失；在投资行为发生后，在涉案机械制造企业项目的管理过程中，在涉案机械制造企业发生涉诉、破产重整、严重亏损等严重影响刘某利益的情况下，也没有及时、如实向投资者披露涉案机械制造企业可能涉及的投资风险，甚至在刘某主动要求下，仍未向刘某披露相关情况，未能对涉案机械制造企业的投资及时止损，最终导致刘某的资金受损，仲裁庭认为基金管理人已经违反了《私募投资基金监督管理暂行办法》《中华人民共和国证券投资基金法》所规定的谨慎勤勉的法定义务，以及《2016年合伙协议》约定的信息披露义务，其应当对刘某的损失承担赔偿责任。

五、案件典型意义

第一，基金管理人的谨慎勤勉、信息披露等义务，不仅仅是合同约定的义务，更是法定的义务。基金管理人的主要职责可以概括为谨慎勤勉和信息披露两大方面。

从法律层面来看，《中国人民共和国证券投资基金法》第九条明确规定："基金管理人、基金托管人管理、运用基金财产，基金服务机构从事基金服务活动，应当恪尽职守，履行诚实信用、谨慎勤勉的义务。"从规范性文件层面来看，《私募投资基金监督管理暂行办法》第四条也规定："私募基金管理人和从事私募基金托管业务的机构管理、运用私募基金财产，从事私募基金销售业务的机构及其他私募服务机构从事私募基金服务活动，应当恪尽职守，履行诚实信用、谨慎勤勉的义务。"第二十四条进一步明确："私募基金管理人、私募基金托管人应当按照合同约定，如实向投资者披露基金投资、资产负债、投资收益分配、基金承担的费用和业绩报酬、可能存在的利益冲突情况以及可能影响投资者合法权益的其他重大信息，不得隐瞒或者提供虚假信息。信息披露规则由基金业协会另行制定。"此外，中国证券投资基金业协会的多项自律规则也对基金管理人的谨慎勤勉和信息披露义务提出了要求。

谨慎勤勉义务要求基金管理人在管理基金资产的过程中展现专业技能，以保障基金资产的保值增值。这涉及但不限于对投资项目进行全面的尽职调查、合理的决策制定、有效的风险监控及基金资产的妥善管理等。基金管理人应当遵循法律法规，坚守职业道德和行为规范，确保其行为符合投资者的最佳利益。信息披露义务则要求基金管理人向投资者提供及时、准确、完整的基金相关信息，包括但不限于基金的财务状况、投资策略、费用结构和风险因素等。基金管理人必须确保所披露的信息能够辅助投资者作出明智的投资决策。

若基金管理人未能恪守谨慎勤勉和信息披露的职责，投资者有权追究其违约或侵权责任。基金管理人未能履职的常见情形包括：在信息披露时提供虚假信息、误导性信息或重大信息遗漏；向不符合资格的投资者募集资金；通过不正当手段宣传基金等。

然而，根据本案及相关判例，如果投资者仅主张基金管理人未履行信息披露义务，管理人可能不必对投资损失承担赔偿责任。主要原因在于，投资者难以证明基金管理人违反的信息披露义务与自身损失之间存在直接因果关系。但如果能证明基金管理人在履职过程中违反了包括信息披露在内的多项义务，或者这些违规行为与其他违约行为并存，足以导致合同目的无法实现，法院更可能支持投资者解除合同的请求。

在本案中，即便基金管理人声称对涉案机械制造企业的投资是一个优质的项目，但未能提供任何有效证据证明其在投资过程中进行了尽职调查和审慎决策。同时，有多项证据显示，在投资该机械制造企业时，该企业已背负了大量债务并有负面新闻。基金管理人在明知高风险的情况下，仍作出盲目投资决策，对投资者损失有明显的过失；在投资后，基金管理人也未及时、如实向投资者披露相关投资风险，未能及时止损，最终导致投资者资金受损。

因此，仲裁庭最终认定基金管理人未能秉承投资者利益优先的原则，没有在投资前进行合理的尽职调查，已经违反了各法规规章中所规定的谨慎勤勉、信息披露义务，私募基金管理人违反信息披露义务与投资者损失之间存在因果关系，应当对投资者的损失承担赔偿责任。

第二，基金管理人赔偿损失不应以基金完成清算为前提。基金的清算结果是认定投资损失的重要依据而非唯一依据，有其他证据足以证明投资损失情况的，裁决机构可以依法认定损失。

本案中，基金已就案涉项目在2017年末进行资产全额计提；另外，在2018年年度的基金运作情况报告书中也载明涉案机械制造企业重组无更新进展。该项投资或存在因债权确认困难、无法引进重组方、债权人会议无法通过重整方案等原因使涉案机械制造企业进入清算程序，从而导致破产重组不成功，投资者或存在全额损失的风险。而且在本案审理过程中，基金管理人也未能举证证明重整计划有新进展或基金投资有收回的可能性，投资者的投资损失，属于必然会发生的可预期损失，应认定投资者受有损失。

综上所述，在私募基金顺利完成投资并向投资者完成分配的情况下，管理人的义务与责任通常不会成为当事人关注的问题。但在预期收益未实现甚至基金出现亏损时，管理人的履职问题将成为投资者与机构博弈的重点，也是相关纠纷的争议焦点。基金管理人作为专业的投资机构，应当在投资前对项目进行审慎调查，并对投资者进行信息披露及风险预警。若管理人在履职过程中产生重大过错，应对投资者的损失承担赔偿责任。

附录四　以私募基金为名实施非法集资犯罪——苏某某等人非法吸收公众存款案

被告人苏某某是某财富管理有限公司（以下简称“财富公司”）、某基金管理有限公司（以下简称“基金公司”）实际控制人，上述两家公司在中国证券投资基金业协会（以下简称“基金业协会”）登记为私募股权、创业投资基金管理人。被告人高某是财富公司副总裁、销售部负责人。被告人贺某是基金公司副总裁、业务部负责人。

一、案件详情

2016年7月至2018年7月，苏某某凭借其精心设计的金融布局，巧妙利用了私募基金管理人的身份，以财富公司和基金公司为平台，先后策划并成立了多家有限合伙企业，这些企业从表面上看是独立的投资实体，实则是苏某某实施其非法集资计划的重要工具。苏某某深谙资本市场的运作规律与投资者的心理，他精心挑选了多个房地产开发项目作为投资标的，这些项目大多被包装得前景光明、收益可观，吸引了大量寻求稳健回报的投资者目光。然而，他隐瞒了一个至关重要的真相：这些所谓的投资项目，实际上是他自己或其紧密合作伙伴控制的公司所开发或共同开发的项目。这种自导自演的戏码，不仅剥夺了投资者的知情权，更将他们的资金引入了巨大的风险之中。为了增强这些私募股权类基金产品的可信度，苏某某还采取了进一步的伪装措施。他成功地将其中的四只基金产品在基金业协会进行了备案，这一举动无疑为他的非法集资行为披上了一层看似合法的外衣。投资者看到基金产品已经过官方备案，便放松了警惕，纷纷投入巨资，希望能在房地产市场分一杯羹。此外，苏某某还指使高某、贺某组织销售团队，召开产品推介会，通过其他金融机构和私募基金公司、同行业从业人员帮助推销等多种方式向社会公开宣传私募基金产品，允许不合格投资者通过“拼单”“代持”等方式突破私募基金投资人数和金额的限制，由苏某某实际控制的关联公司与投资者签订回购协议，并由苏某某个人提供无限连带责任担保，约定年利率 10% 至 14.5% 的回报，变相承诺保本付息。

苏某某、高某、贺某等人通过上述方式共非法公开募集资金 5.999 亿元。极为恶劣的是，募集到的资金并未按照承诺用途专款专用，而是被苏某某个人操控，实现了资金的混同与随意调配。这种管理方式直接导致了资金的滥用和浪费。一方面，用于私募基金约定投资项目的资金仅为 1.3 亿余元，显然无法支撑起所有投资者的收益期望；另一方面，1.2 亿余元的资金被用于房地产开发、1.01 亿余元的资金被用于建筑材料购买等与公司主营业务无直接关联的领域，甚至还有 0.9 亿余元的资金被用于支付员工薪酬提成、公司运营成本及归还公司债务，这种做法进一步加剧了资金链的紧张状态。随着资金链的断裂，苏某某等人无法按期兑付投资者的本息，导致投资者本金损失高达 4.41 亿余元。这一巨额损失不仅让无数家庭陷入困境，更在社会上引发了广泛的关注和讨论。投资者对金融市场的信心遭受重创，对于私募基金等金融产品的认知也蒙上了一层阴影。

二、案件诉讼过程

2019 年 2 月 13 日，公安机关对苏某某非法吸收公众存款案立案侦查。2019 年 8 月 30 日、2020 年 7 月 27 日，公安机关先后以苏某某涉嫌非法吸收公众存款罪，高某、贺某涉嫌非法吸收公众存款罪向人民检察院移送起诉。2020 年 3 月 11 日、11 月 24 日，人民检察院先后以苏某某、高某、贺某构成非法吸收公众存款罪提起公诉。

2021 年 5 月 20 日、9 月 1 日，人民法院作出一审判决，认定苏某某、高某、贺某犯非法吸收公众存款罪，对苏某某判处有期徒刑五年，并处罚金 30 万元；对高某、贺某分别判处有期徒刑三年，并处罚金 10 万元；继续追缴违法所得。三名被告人均未提出上诉，判决已发生法律效力。公安机关、司法机关共冻结涉案银行账户存款 687 万余元，依法追缴被告人苏某某对他人享有的 1 600 万元债权和 35 名投资者利息、分红、佣金、返点费等，判决生效后一并发还投资者。

三、案件典型意义

第一，在私募基金管理领域，即便私募基金管理人已完成登记流程，且私募基金已实施备案或部分备案，此举并不构成对非法集资行为中“非法性”的认定。根据《中华人民共和国证券投资基金法》及《私募投资基金监督管理条例》的规定，私募基金本质上是指采取非公开方式，面向特定合格投资者募集资金而设立的投资基金，其核心特征在于“非公开性”与“面向特定对象的合格投资者募集”。私募基金的设立与管理不涉及行政审批流程，而是要求私募基金管理人需向基金业协会提交登记申请，并在募集资金完毕后进行基金备案。然而，这并不等同于私募基金管理人已获得“经有关部门依法许可”得以面向社会公众吸收资金的权利。依据《中华人民共和国商业银行法》的明确规定，面向不特定社会公众公开吸收存款属于商业银行的专营业务范畴，该等行为必须获得国务院银行业监督管理机构的批准方可实施。因此，任何未经此等法定程序，擅自向不特定社会公众公开发行或销售私募基金的行为，均被视为借私募基金之名，行非法集资之实的行为。此类行为违背了私募基金管理的相关法律法规，其非法性质不因是否已完成基金业协会的登记与备案而有所改变。

第二，以私募基金为幌子的非法集资手段纷繁复杂，其均背离了私募基金“私”的本质及投资风险自负的底线。这些行为往往通过采取具有公开性、社会性及利诱性的手段，非法募集公众资金。首先，以私募基金名义进行的非法集资常常表现出其公开性。许多不法分子通过建立网站及利用电话、讲座、推介会和分析会等多种渠道，向不特定对象进行宣传。这种行为显然违背了私募基金的性质，私募基金面向的是特定合格投资者，然而这些非法集资活动却向公众广泛宣传，以吸引更多不特定投资者的参与。这种“撒网式”营销策略，不仅提高了潜在投资者的风险，也使普通投资者在面对众多的诱惑时难以作出理智的决策。他们往往在信息不对称的情况下，受到虚假宣传的影响，最终陷入高风险的投资泥潭。其次，非法集资活动在降低合格投资者标准方面表现出明显的社会性。为了扩大融资规模，不法分子往往采取私下协议代持基金份额、允许“拼单团购”、拆分转让私募基金份额或收益权，以及在同一融资项目下设立多只私募基金等手段。这种做法不仅规避了对合格投资者的限制，也使得更多不具备投资资格的个人参与其中。通过降低合格投资者标准，不法分子将更多风险引入了原本应当相对安全的投资领域。这种行为使得私募基金的风险控制体系形同虚设，潜在的法律和财务风险也随之加大。许多普通投资者在未充分了解投资产品的风险和性质时，被引导进入了高风险的投资圈。最后，非法集资活动的利诱性是其吸引投资者的重要因素。不法分子通常在私募基金认购合同之外，通过签订补充协议或口头承诺等方式，承诺回购、担保，或提供高额的年化收益率，以此来引诱投资者。这种以预期利润为诱饵的行为，实际上是对投资者的误导与欺诈。高额回报的承诺使得许多投资者放松了警惕，忽视了投资的实际风险。他们往往抱有侥幸心理，认为这种“稳赚不赔”的投资机会难得，最终在追求利益的过程中，忽视了隐藏在背后的法律风险与投资风险。发行销售私募基金的行为具备上述特征的，属于非法集资或者变相非法集资，应当依法追究刑事责任。

第三，是否具有非法占有目的是区分非法吸收公众存款罪与集资诈骗罪的关键。根据《中华人民共和国刑法》的相关规定，非法吸收公众存款罪和集资诈骗罪的主要区别在于主观目的的不同。非法吸收公众存款罪强调的是对公众资金的非法募集，而集资诈骗罪是以非法占有为目的，通过虚构事实或隐瞒真相来欺骗投资者。这一界定对于不同性质的犯罪行为具有重要的法律意义。在实践中，判断一个行为是否属于集资诈骗，关键在于是否存在“非法占有目的”。如果在募集资金的行为中，资金被用于真实的项目投资，并且没有迹象表明实施方有转移、隐匿或挥霍资金的意图，那么就不能简单地将其定性为集资诈骗。值得注意的是，私募股权类基金产品通常专注于创业投资，目标是对项目公司的股权进行投资。这类投资往往具有高风险、高回报的特点，同时也需要严格遵循法律法规。尽管这类基金在运作中可能符合非法集资犯罪的“四性”特征（即公开性、社会性、合法性和盈利性），但在许多情况下，其资金实际上是用于真实的项目开发。因此，仅仅依靠“四性”特征来判断其性质是行不通的。在苏某某案中，虽然涉及私募股权的非法集资行为，但其募集资金的用途主要集中在真实的房地产项目上。根据案件的具体情况，募集的资金用于返本付息和维持运营，但核心资金仍然用于项目投资。在这种情况下，很难证明苏某某等人具有非法占有的主观意图。根据法律的明确规定，当资金用于真实项目且无抽逃、转移等行为时，便可认定不具有“以非法占有为目的”。因此，只能以非法吸收公众存款罪追究刑事责任。

附录五　私募股权投资基金合规经营
——某投资管理有限公司行政处罚案

某投资管理有限公司（以下简称“G 投资公司”）是某契约型私募基金、某 2 号契约型私募基金（以下统称“G 鼎盛基金”）的管理人。因其在私募股权投资基金管理过程中的多项严重违法违规行为，被中国证券监督管理委员会北京监管局（以下简称“北京证监局”）处以严厉的行政处罚。这一案例不仅彰显了监管部门对私募行业乱象的零容忍态度，也警示了行业内外必须严格遵守法律法规，以保障投资者权益，维护市场秩序。

一、案件详情

（一）将他人财产混同于基金财产从事投资活动

2018 年 2 月 23 日，G 投资公司管理的合伙型私募股权投资基金某股权投资合伙企业（有限合伙）（以下简称“N 公司”）成立，主要投资方向为拟从上海某网络科技合伙企业（有限合伙）（以下简称“Y 网络公司”）受让其所持有的某网络科技有限公司（以下简称“S 网络公司”）部分股权。

G 鼎盛基金向 N 公司出资 27 396 万元。因 G 鼎盛基金尚未完成备案，青岛某 1 号契约型私募基金、青岛某 2 号契约型私募基金（以下统称“G 盛世基金”）代 G 鼎盛基金向 N 公司支付出资款 27 396 万元。

G 投资公司于 2019 年 4 月出具的 G 鼎盛基金 2018 年年度报告披露，G 鼎盛基金通过持有 N 公司的份额，间接持有 S 网络公司 1.06% 的股份。

G 盛世基金上述代 G 鼎盛基金向 N 公司支付出资款的行为，不符合 G 盛世基金合同中关于投资范围的约定。G 投资公司将其他基金的财产用于 G 鼎盛基金的投资活动，属于将他人财产混同于基金财产从事投资的行为。

（二）挪用基金财产

G 鼎盛基金完成备案后，G 投资公司将 G 鼎盛基金银行账户中的 27 169 万元转至关联公司天津某国际贸易有限公司（以下简称“M 公司”）和某资产管理有限公司银行账户。其中，有 5 182 万元资金转至 G 盛世基金银行账户，剩余 21 987 万元资金最终转至柳州市某汽车销售有限公司等企业及若干自然人的银行账户。上述 21 987 万元资金的运用不符合 G 鼎盛基金合同中关于投资范围的约定，被 G 投资公司挪作他用。

（三）委托不具有基金托管人资格的机构担任基金托管人

G 投资公司委托不具有基金托管人资格的某股份有限公司担任 G 鼎盛基金的托管人，未尽到恪尽职守、谨慎勤勉的义务。

以上事实有相关工商登记材料、私募基金产品登记备案材料、基金合同、相关投资协议、相关人员询问笔录、银行流水等证据证明，足以认定。

二、案件结果

G 投资公司的上述违法违规行为违反了《私募投资基金监督管理暂行办法》第四条、第二十二条第　项、第二十二条第四项、第二十二条第七项的规定，构成《投资基金监督管理暂行私募办法》第三十八条所述的违法违规行为。

当事人在申辩材料及听证中提出：对挪用基金财产的认定不予认可。M 公司代 G 鼎盛基金向 N 公司垫付投资款，G 鼎盛基金完成备案后向 M 公司及其指定的收款方偿还了代垫投资款，不存在挪用基金财产的行为。

经复核，北京证监局认为：G 鼎盛基金完成备案后，募集资金实际最终转至若干企业及自然人银行账户，资金运用既不符合 G 鼎盛基金合同中关于投资范围的约定，也未用于偿还代垫投资款，被 G 投资公司挪作他用。因此，北京证监局对当事人的陈述申辩和听证意见不予采纳。

根据当事人违法行为的事实、性质、情节与社会危害程度，依据《私募投资基金监督管理暂行办法》第三十八条的规定，北京证监局作出以下决定。

①对G投资公司将他人财产混同于基金财产从事投资活动的行为，责令改正，给予警告并处以3万元罚款。

②对G投资公司挪用基金财产的行为，责令改正，给予警告并处以3万元罚款。

③对G投资公司委托不具有基金托管人资格的机构担任基金托管人的行为，责令改正，给予警告并处以3万元罚款。

综上，北京证监局对G投资公司上述违法违规行为责令改正，给予警告，并合计处以9万元罚款。

三、案件典型意义

（一）需推动私募基金合规化发展

本案件触及了私募基金管理领域中的多个敏感问题，如资金募集的合规性缺失、投资操作透明度不足、内部控制薄弱及潜在的违法违规交易行为等，因此引发了社会的广泛关注。监管部门对涉案企业依法进行了严厉处罚，有效整顿和净化了私募基金行业。同时也向业界明确传递了一个信号：无论企业规模大小、资历深浅，合规经营均是其生存与发展的基石，任何试图挑战法律底线、追求短期利益的行径，终将面临法律的严惩与市场的无情淘汰。

（二）需强化基金管理人的合规意识

本案件如同一面镜子，不仅映照出部分私募基金管理人在合规管理与风险控制上的严重不足，也促使整个行业时刻保持警醒。私募基金行业必须将合规经营提升至企业战略的核心层面，强化基金管理人的合规意识。

首先，私募基金管理人应深入研究《中华人民共和国证券投资基金法》《私募投资基金监督管理暂行办法》等法律法规，确保自身业务活动完全符合法律要求。同时，在基金合同的签订与执行上，必须坚持公平、公正、透明的原则，详尽披露投资风险、投资策略、费用结构等关键信息，维护投资者的合法权益，并严格按照合同条款执行管理职责，杜绝任何形式的违规行为。

其次，私募基金管理人要严格履行受托管理责任。为此，管理人需将投资者的合法利益放在重要位置，在投资决策、风险管理、信息披露等各个工作中切实保护投资者的利益。同时，管理人应坚持进行独立、科学的分析判断，立足投资者的最佳利益，避免利益冲突与不当行为。另外，管理者在履行职责时，应着重构建并完善投资者适当性管理机制，旨在精准匹配投资产品与投资者的风险承受力及既定投资目标，从而有效避免因产品选择不当而引发的投资风险。

再次，构建健全的内部控制体系同样是管理者不可或缺的职责之一。这一体系应详尽界定组织内部各部门及各岗位的职责范畴与权限分配，使其相互制约、相互监督。在风险控制方面，基金管理人应建立完善的风险识别、评估、监控和应对机制，对投资项目的风险进行全面、深入的评估，并制定相应的风险控制措施。同时，基金管理人还应加强对投资标的的尽职调查，确保投资项目的真实性和合法性，避免陷入非法集资、诈骗等违法活动。

最后，基金管理人应积极参与行业协会等自律组织的活动，遵守行业规范，提升行业形象。同时，基金管理人还应加强与监管机构的沟通与合作，主动接受监管指导，及时报告重大事项和风险隐患，共同维护金融市场的稳定与安全。只有这样，私募股权投资基金才能赢得投资者的信任和支持，推动私募股权投资基金行业持续、健康、稳定地发展。

（三）需完善相关法律法规体系

本案件深刻揭示了我国现行法律体系在金融新兴领域可能遭遇的滞后性与模糊性，使不法分子有机可乘。鉴于此，当务之急是紧密结合金融市场的最新发展趋势与特征，对法律法规进行适时修订与完善，旨在构建一个既能全面覆盖市场动态，又具前瞻预判能力的法律框架。这一过程应聚焦于精确划定违法违规行为的边界，确立既科学又合理的监管体系，设计出一套严厉且有震慑力的处罚体系，营造一种和谐有序的市场氛围。

在坚实的法律基础之上，高效且有力的监管执行是保障市场秩序的重中之重。监管部门需构建跨部门的协同监管网络，强化信息交流的深度与广度，形成监管合力，实现对金融市场活动的实时、全面监控。此外，应加大对违法违规行为的惩治力度，除了依法严惩，还应通过公开曝光机制，增强社会监督效应，形成强大的舆论压力。同时，还应积极探索监管科技的融合应用，依托先进技术，如大数据、人工智能等，提升监管的智能化、精准化水平，实现监管模式的现代化转型。

法律法规重在实施，而市场主体的自觉遵守是其实施的关键。因此，需进一步强化法律法规的宣传工作，通过多样化的宣传手段，如组织专题研讨会、举办培训班、发放宣传资料等，使市场主体深刻理解法律法规的内涵与要求，使其树立合规意识，不断提高其法律素养。同时，建立健全的法律咨询与援助体系，为市场主体提供快速、专业的法律支持，助力其更好地适应并遵循法律法规。

除此之外，还应强化行业自律与诚信体系的建设，多措并举。例如，构建行业协会、制定行业标准等，以促进社会道德规范的形成，引导市场主体积极遵循市场规则，建立自我管理、自我监督的良性循环机制。此外，表彰和奖励诚信经营的企业，发挥榜样示范作用，以激发更多企业投身诚信建设，共同营造一个健康、有序的金融市场环境。

本案件无疑树立了一面鲜明的警示牌，为整个行业提供了借鉴与反思契机。本案件不仅深刻揭示了私募股权投资基金在运营过程中可能面临的法律风险与合规挑战，更强调了基金管理人在维护市场秩序、保障投资者权益方面不可推卸的责任与使命。

参考文献

[1] 孙喜伟 . 私募股权投资基金基础知识 [M]. 北京：北京大学出版社，2017.

[2] 刘勇 . 私募股权投资基金（PE）：中国模式及应用研究 [M]. 沈阳：辽宁人民出版社，2010.

[3] 蒋晓杰 . 我国私募股权投资基金问题研究 [M]. 沈阳：东北财经大学出版社，2015.

[4] 高蔚卿，王晓光 . 私募股权基金：制度解析与业务实践 [M]. 北京：中国法制出版社，2018.

[5] 黄卫东 . 中国私募股权基金：问题与发展 [M]. 北京：中国发展出版社，2015.

[6] 张颖 . 私募股权基金行业合规管理实务：操作指引与实务范本 [M]. 北京：中国法制出版社，2021.

[7] 林金腾 . 私募股权投资与创业投资 [M]. 广州：中山大学出版社，2011.

[8] 房燕 . 私募股权投资与管理 [M]. 北京：北京邮电大学出版社，2020.

[9] 廖文剑 . 资本的力量：私募股权投资的全流程管理 [M]. 北京：中国经济出版社，2017.

[10] 汪来喜 . 私募股权基金运作实务与创新研究 [M]. 郑州：河南人民出版社，2015.

[11] 李英 . 私募股权投资基金组织架构设计与运作风险控制分析 [J]. 中国市场，2024（7）：37-40.

[12] 谢淦汕 . 私募股权投资基金管理人财务管理问题及其应对举措 [J]. 老字号品牌营销，2024（3）：71-73.

[13] 范克严 . 私募股权投资基金投资风险的控制策略研究 [J]. 财讯，2024（2）：121-123.

[14] 徐璇莹 . 私募股权投资基金退出路径优化研究 [J]. 内蒙古科技与经济，2023（22）：73-75；79.

[15] 许志英 . 私募股权投资基金合规运营风险防范 [J]. 法制博览，2023（28）：85-87.

[16] 蒋鸿翔 . 新时期私募股权基金投资风险与解决对策 [J]. 投资与创业，2023，34（16）：13-15.

[17] 辛艳 . 私募股权基金投资风险及防控策略研究 [J]. 中国农业会计，2023，33（8）：87-89.

[18] 汪宗霖．私募股权投资基金法律监管中的问题及优化 [J]. 法制博览，2021（17）：74-75.

[19] 郑安安．私募股权投资基金法律问题探讨 [J]. 中外企业文化，2020（12）：24-25.

[20] 张翼飞．私募股权投资基金监管的法律探究 [J]. 法制与社会，2019（5）：73-74.

[21] 张琳．私募股权投资基金投资者的法律保护研究 [D]. 哈尔滨：哈尔滨商业大学，2023.

[22] 邱顺吉．私募股权基金投资人份额退出机制研究 [D]. 石河子：石河子大学，2023.

[23] 姚明杰．私募股权基金投资人财产权司法保护研究 [D]. 广州：广州大学，2022.

[24] 杨媛．我国私募股权基金投资工具的立法规制研究 [D]. 北京：中国政法大学，2020.

[25] 王梦珂．私募股权投资以并购方式退出的案例分析 [D]. 湘潭：湘潭大学，2020.

[26] 唐天奇．私募股权基金投资风险管理研究 [D]. 广州：华南理工大学，2019.

[27] 张雪．私募股权投资退出方式研究 [D]. 北京：对外经济贸易大学，2018.

[28] 张殿辉．私募股权投资基金项目尽职调查问题研究 [D]. 天津：天津工业大学，2017.

[29] 方毅祖．中国私募股权投资基金监管研究 [D]. 北京：首都经济贸易大学，2014.

[30] 何礼科．私募股权基金投资决策与运作管理研究 [D]. 南昌：南昌大学，2014.